JN237615

心をつなげる

WORDS CAN CHANGE YOUR BRAIN

12 Conversation Strategies to Build
Trust, Resolve Conflict, and Increase Intimacy

相手と本当の関係を築くために大切な
「共感コミュニケーション」
12の方法

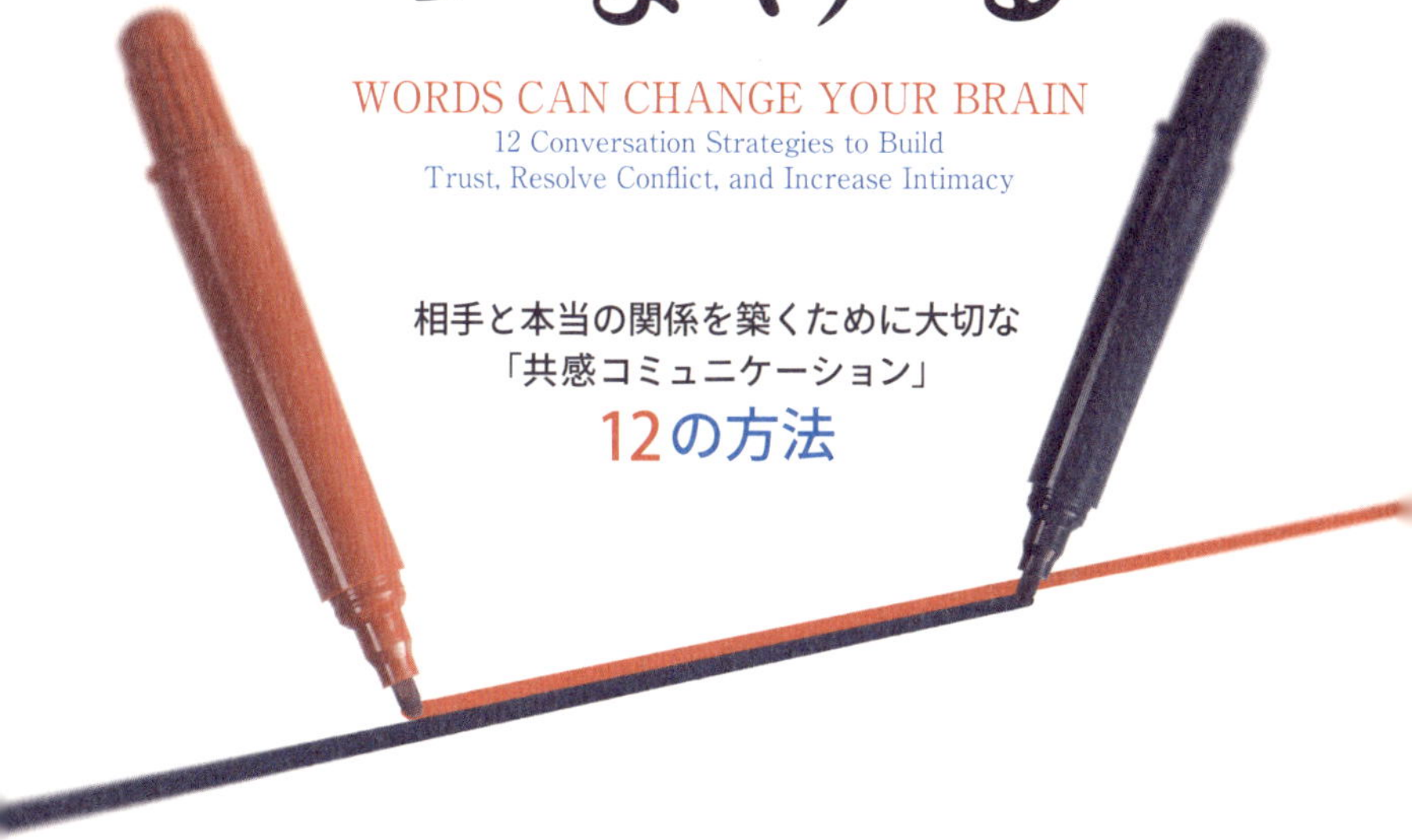

アンドリュー・ニューバーグ
Andrew Newberg, M.D.
マーク・ロバート・ウォルドマン
Mark Robert Waldman
川田志津訳
名越康文序文

東洋出版

WORDS CAN CHANGE YOUR BRAIN

12 CONVERSATION STRATEGIES
TO BUILD TRUST, RESOLVE CONFLICT,
AND INCREASE INTIMACY

by

Andrew Newberg and Mark Robert Waldman

Original English language edition Copyright © Andrew B. Newberg and Mark Robert Waldman, 2012
All rights reserved including the right of reproduction in whole or in part in any form.
This edition published by arrangement with Hudson Street Press,
a member of Penguin Group (USA) LLC,
a Penguin Random House Company
through Tuttle-Mori Agency, Inc., Tokyo

『心をつなげる』序文——名越康文

自分の心を救いたい方、人間の心について知りたい方、心の問題に役立ついい本を探し続けてきた方は、これ一冊読めば完璧。僕はこの本を読んでそんな感想を持ちました。

なぜなら、これほどに人間の心がどうなっているのかということを客観的にとらえ、丁寧に書かれた本はなかなかありません。エクササイズを通じて学びを活かすことができ、紹介されている様々なケースを読みながら、自分の心と向き合い、心というものがしみじみと分かる素晴らしい本だと思います。とりわけ共感したのは、「自分の心を観察し、まずは自分の心とつながること」が、どれほど人間関係を、人生を実り豊かなものにするかを、とても丁寧に解き明かしていることです。

人生において自分の心とつながるのは本当に大切なことです。僕は『自分を支える心の技法』（医学書院）という本でも、対人関係の問題を解決するには結局のところ自分の心と向き合うしかないのだと書きました。

でも、これが難しい。心という、見えないし触れられないものとつながるにはよく観察しなければなりません。見えないものを明らかにするための技法が必要になってくるのです。その方法を、本書はこれでもかというほど披露してくれています。

元来日本人は、見えないものを感じるのは得意な国民ではないかと思います。

例えば神社に行き手を合わせ、感謝の祈りを捧げる。お墓参りをする。ご縁に感謝する。これらはすべて目には見えないものに対峙する行為ですし、もっと言えば、掃除をすることも、ただ綺麗にすることだけを目的にしたものではなく、それ以上の意味合いで行っているような気がします。道場で稽古を始めるときもまずは床を磨くことから始めますし、お寺での修行もまずは掃除から始めます。

手を、体を動かしながら見えてくる世界が、そこにはあるのではないでしょうか。

つまり掃除しながら綺麗にしているのは、自分の心なのです。だから綺麗になるとすっきりする。反対に片付いていないと落ち着かない。掃除業者が部屋を掃除してくれても多少はすっきりするかもしれませんが、それだけでは片付かないものがある。それは、片付けるというプロセスが大切だからです。片付けながら自分の心を見つめているのです。

ただ、これは言葉にならない行為、言語化されないものなので、やらずに分かることはできません。分かるためにはやってみるしかないのです。

ありがたいことにこの本でも、日本的なものとは少しアプローチが違いますが、非常に実践的でわかりやすいエクササイズがたくさん紹介されています。いきなり全部やるのは難しいかもしれませんが、ぜひ読むだけではなく、自分で、そして信頼できる誰かと一緒にやってみてください。

またこの本のもう一つの特筆すべき点は、一人一人の価値観を大切に扱うことに焦点をあてたことだと思います。実際に自分のいちばん深いところにある価値観を見つける「価値観エクササイズ」が紹介されていますので、これにはぜひ取り組んでいただきたいと思います。もしご自分の価値観がなかなか思い浮かばなかったときは、価値観という言葉を「大切なこと（モノ、人、時間）」という言葉に置き換えてみても構いません。

それが思い浮かんだら、それはどうしてだろう、なぜだろうと考えてみてほしいのです。例えば、自分にとっては母親の存在がとても大切だと思ったとします。それはなぜだろうと考えてみる。「そうか、自分は小さいときにお母さんがあまり近くにいてくれなかったから、今、お母さんのことを求めているんだ。だから私のいちばん深いところにある価値観は『愛とぬくもり』なんだ」と気づきます。

あるいは、誰かと会話をしているときに、もし相手が抽象的な価値観を語ったら、ぜひなぜなのかを聞いてみてください。

いちばん深いところにある価値観が「信頼」であるという人がいたら、話をそこで終わらせないでほしいのです。

どうしてそう思うのかを聞いてみると「高校時代に自分はバスケ部の主将をしていた。ある大事な試合の前に監督に『思うようにやってみい』と言われたことが心に残っていて、いつか自分も相手を信頼してそういう一言が言える人間になりたいと思っている」。このような話を聞いて「ああそうか、この人、見た目はいかめしいおっちゃんだけれども、そんな高校生のときがあって、その純粋な気持ちがあったんだ、ということは今もそういう気持ちをもった純粋な人なんやね、なんか可愛いわぁ」と感じる。このように一歩踏み込んで具体的なエピソードを聞けると、心と心の距離はぐっと縮まります。

エクササイズに限らず、日常的に、何か気にかかることがあったら、それはなぜだろう、どうしてだろうと考えたり、尋ねることは、心を見つめるチャンスです。それは会話の相手だけではなく、自分自身に対しても同じです。この本では、心の声をインナースピーチ（内言）として、普段何気なく発しているインナースピーチを観察し続けることが、飛躍的に精神的な苦痛を和らげるとしています。これは言い換えれば、自分が発した言葉の意味と、自分の感情に違和感がないかを意識し、もし違和感があったら、それはどうしてだろうと考えてみるということです。

例えば、旦那さんに「いってらっしゃい」と言ったときに、イラっとした。本来、いってらっしゃい、という言葉は、気をつけてね、今日も一日頑張ってねという思いがこもっている言葉のはずなのに、なぜこんな気持ちで言ってしまったのだろう。ああ、そうか、旦那さんを送り出す直前に、山積みの食器を見てイライラしたのだ。ここまで考える、つまりはインナースピーチを観察すると、なるほどね、じゃあ、どうしようかな、と冷静に考えることができます。

違和感に気づいたら、なぜだろうと考えることで言葉と心のひずみをなくしていく。言葉と心が完璧にとはいかないにしても、だんだん重なり合ってくる。これはとても気持ちがいいことです。

そして自分の言葉と心が一致してくると、すごく生きやすくなります。

それは、自分自身とも、そして他者とも、うまく付き合えるようになるからだと思います。

最後に、この本に書かれていることは、医療関係者としても非常に大切なこと〝心というものがいかなるものか、どのように一人一人の人間の心と向き合うのか〟を学ぶためには最適な本だと思います。医学生から研修医時代に一度じっくりと熟読されるといいと思います。

この本を通じて、心と心がつながり、あなたの人生がご自分の手のひらにしっかりと落ちてくるような感覚が持てたら本当に素晴らしいことだと思います。

『心をつなげる』目次

Chapter 3——脳はマルチリンガル

コミュニケーションスキルは向上する

Chapter
4――心の中を自覚する

Chapter 8 ―「共感コミュニケーション」を理解する

Chapter
9 ―「共感コミュニケーション」を実践する

知識編

頭の中はどうなっているのか

コミュニケーションの仕組みとは？

Chapter 1 ― 新しい会話法

人間は「言語」という特別な能力を生まれながらに持ち合わせているものの、他者との意思疎通においては、驚くほどコミュニケーション下手なことが研究によって明らかにされている。よく考えもせずに言葉を選びがちで、ややもするとその言葉が相手の感情を左右することをも忘れてしまう。必要以上に言葉を発し、自分が聞き下手であることに気づかないのだ。

　また自分や相手が話をするときの顔の表情、身振り、口調や声の抑揚に込められた微妙な意味をなおざりにしがちだ。しかしそれらのサインは、実際に発する言葉よりも大切なコミュニケーションの要素である。

私たちが会話下手なのは、教育云々ではなく、むしろ、脳が未発達であることが大いに関係している。というのも、社会に対する意識や相手に共感する力、それに関連した言語スキルをつかさどる脳の領域が完全に機能するようになるのは、人間が30歳を迎えるころなのだ。しかしそんな神経学的なハンデにもかかわらず、科学的研究は、こう示している。人間は年齢を問わず、他者と効果的にコミュニケーションをとる能力を高めるために、言語や社会意識をつかさどる脳の領域をはたらかせることができる、と。

そこで私はこれまでの研究成果から、初対面の相手とでも単に情報を伝え合うだけでなく、結びつきを深め、会話そのものを楽しむことができる12項目の技法を次のようにまとめた。この12項目を実践することで、聞き手の脳内にある深い共感と信頼を引き出すことができる。感情を制御する脳内神経回路にダメージをおよぼす、ネガティブな思考パターンを断ち切ることも可能だ。

●共感コミュニケーション（Compassionate Communication）の12項目

1　リラックスする
2　今という瞬間に注意を払う
3　自分の内面にある静けさをはぐくむ
4　ポジティビティ（肯定的な感情と前向きな姿勢）を高める

5　自分のいちばん深いところにある価値観と向き合う
6　楽しかった思い出にアクセスする
7　非言語シグナル（言葉以外のサイン）を観察する
8　感謝の気持ちを表す
9　心から温かい口調で話す
10　ゆっくり話す
11　簡潔に話す
12　じっくり耳を傾ける

本書ではこの12項目を活用しながら、家庭や職場での人間関係が急速に深まる方法を紹介していく。これを実践することで、**不安、恐れ、不信感を生む無意識の心の声を断ち切る術が身につくだろう。**また**私生活ではさらに親密な関係を築くことができるようになり、職場ではクライアントだけでなく従業員や同僚との人間関係がよりスムーズになる**だろう。**職場での管理能力の向上が売上や収入アップにつながる**のは言うまでもない。

また、話している相手の嘘を見破り、相手がまだ言葉を発していなくても何を考えているのかを自分の直感にしたがって察知できるようになる。沈黙がどれほどコミュニケーションのスキルを高めてくれるのか、その良さを発見するかもしれない。

子どもたちが実践すれば、対人関係や困難な問題にうまく対処する術が身につき、学業アップの手助けともなる。

毎日数分間だけでもこの12項目を実践すれば、思考がクリアになって創造力がさらに高まり、より真摯な会話が生まれるだろう。相手と対立する前にそのタネを取り除くことだって可能だ。

私が行った脳スキャンによる研究結果と言語やコミュニケーションの最新の研究結果では、この12項目を実践すると、**普段の会話や社会的な交流を妨げるストレス、不安、イライラが軽減し、記憶力や認知力が向上する**ことが立証されている。つまり数値化された実証データに基づく方法で、自信や満足度を高めることができるのだ。

私はこの12項目を「共感コミュニケーション」と呼んでいる。この技法を実際の会話に採り入れると、驚くべき現象が見られる。話し手と聞き手それぞれの脳が次第に協調し始めるのだ。「ニューラル・レゾナンス（神経の共鳴）」と呼ばれるこの現象下では、お互いの意識が同調しているため、普段の何気ない会話にみられる自己防衛の気持ちが解消され、より実のある会話を紡ぐことができる。

共感コミュニケーションの12項目は、異なるシチュエーションに合わせてさまざまな組み合わせが可能だ。他のコミュニケーション法との併用でより大きな効果を上げることもできる。

当初、共感コミュニケーションは、夫婦間の問題解消と関係改善のためのツールとして開発された。今では医療や介護の現場でも実践されており、医師や看護師は患者や同僚との意思疎通をより円滑にする目的で活用している。

またアメリカの経済界も共感コミュニケーションに強い関心をみせている。仕事絡みの大きなストレスは往々にして作業能率を低下させ、ついには燃え尽き症候群を引き起こしてしまうこともあるが、共感コミュニケーションにはそんなストレスを和らげる効果がある。

この共感コミュニケーションには、極めて重要な役割を果たす基本ルールがある。それが「30秒ルール」だ。実際に行なうと、共感コミュニケーションの他の項目を試さなくとも数多くの物事を効果的に達成し、怒りを抑制できることに気づかされる。

研究によれば、意識がキープしていられるのは、4つの大きな「情報のかたまり」で、その時間は30秒以下程度なのだ。つまり私たちはごくわずかな時間枠に封じ込められたほんの少しの情報を使って、他者とコミュニケーションを交わしているのである。この研究結果から我々は、他者との会話では、できる限り20〜30秒以内で話し終えるべきだと気づいたのである。

数分間をかけて話し続けても、聞き手の脳はたった今伝えた内容のうち、ほんのひと握りの情報しか思い出すことができないのだ。おまけに話し手の本意すら伝わっていない可能性も十分ある。肝心の情報が相手に伝わっているならば、次の言葉を続けるのもいいだろう。だが伝わっていなかったとしたら、そのまま話を続けるのは無意味ではないだろうか。たった今伝えた内容を相手が理解していない状態では、話を続ける甲斐もなくなるのではないだろうか。

これと同様に、話す時間を30秒間に限定すると、脳はその状況にすぐさま適応し、会話に関連のない情報をふるい落とす。また簡潔に話すことで、ネガティブな感情表現を抑えられるというメリットもある。

身についた話し方を手放す

これから数章に亘って解説していくが、人間の基本的な言語力は12歳前後までに形成される。そして他者とのコミュニケーションや社会に対する意識の微細な側面を理解できるようになるのは、その能力をつかさどる脳機能が完全に発達する20代後半から30代前半である。

子どものころ、はじめて自転車の乗り方を覚えたときのことを思い出してほしい。大人になった今、本格的に自転車を乗りこなしたいのであれば、覚えたてのころに身についた悪いクセを直して、もっと効率的な技術を身につける必要があるだろう。サイクリングの達人になるには自転車や身体のバランスと動きのメカニズムを究めて、「自転車に乗る」という経験に完全に没頭しなければならない。あとは練習に次ぐ練習だ。

コミュニケーションでも同じことが言える。学生生活でコミュニケーションの基本は学べるが、コミュニケーションスキルを高めたいのであれば、それまでの悪癖を捨て、エンパセティック・リスニング（共感を持って話を聞くこと）のように高度なスキルを身につける必要がある。それから言語の仕組みを理解し、誰もが見落としがちな顔の表情を読み取る術を会得しなければならない。話をすることと聞くことに全神経を集中させ、ひたすら練習を続けるのだ。

例えば、コミュニケーションスキルを高めるには、次の4つが必要なことを覚えておいてほしい。

1　コミュニケーションのスタイルには限界があることを認識する
2　昔から慣れ親しんだ会話のパターンから離れる
3　脳内に新しい神経回路が形成され身体が覚えるまで、新しいコミュニケーション法を試す
4　他者と話をするとき、共感コミュニケーションを意識的に応用する

新しいコミュニケーション法の効果を実感できるまでには、どれほどの時間を要するのだろうか。私の研究データによると、1時間以内にその効果が実感できる。2～3人を相手に10分間ずつ共感コミュニケーションを実践した被験者の11%が、実践前よりも相手に共感と親しみ

を覚えるようになった。このように共感コミュニケーションは驚くべき成果を上げており、現時点ではこれ以上の効果を発揮しているコミュニケーション法は発表されていない。

新しいコミュニケーション論

本書の知識編では、人間の脳が言語、スピーチ、リスニングをどのように処理するのかを最新の研究結果を交えながら解き明かしていく。言語はいかにして個性的な脳を形成するのだろうか。信頼や協調の気持ちはどのように発達し他者に伝わるのだろうか。また、実践編では、神経心理学の研究から導き出された裏付けを交えつつ、共感コミュニケーションの12項目をひとつひとつ解説していく。

さらに20分間の対人エクササイズ法を紹介する。12項目を取り入れたこのエクササイズは、コミュニケーション能力をつかさどる脳神経回路のはたらきを活発にしてくれる。エクササイズを試しながら、これまでの古い会話術に別れを告げ、新しいスピーキングとリスニングの方法を身につけたくなるかもしれない。

長年のクセになってしまった習慣を変えようとするときには誰しもその効果に疑問を抱くものだ。でも本書で紹介するエクササイズを実践する際には、その気持ちを一旦保留にしてほしい。「初心者の心」を持つことで、脳は新しい方法を覚え、他者とのつながりをより強くしてくれるのだから。また、不信感や不安、物事を先延ばしにする逃避習慣をすべて取り除くコツも紹介する。

そして応用編では、職場やプライベートで共感コミュニケーションを実践したさまざまな人々——恋人、両親、子ども、セラピスト、教師、投資家、起業家、経営者——の実例を紹介する。

共感コミュニケーションの項目を、毎日5〜10分間試してみてほしい。はじめは最も信頼する人を相手に、それから友人や会社の同僚へと幅を広げてみよう。2〜3週間もすれば、他者との関わり合い方や周りの人たちの反応が大々的に変化していることに気づくだろう。中にはあなたが共感コミュニケーションを実践していることを知らない人たちもいるはずだ。周りの人たちに、あなたのコミュニケーションスタイルに変化があったかどうか尋ねてみよう。相手が少し考えてから頷いたのなら、あなたが共感コミュニケーションを身につけた証だ。

私たちは、今よりも言葉を賢く使うだけで、自分や相手に共感と信頼を抱かせることができるのである。

Chapter

2

——言葉は「脳」を変える

言葉は人を癒すことも傷つけることもできる。神経学的に立証されている事実だが、ほんの数秒もあれば誰にでも証明が可能だ。

まず自分に「今どのくらいリラックス、もしくは緊張しているか」と尋ねてみよう。それからできるだけリラックスして、深呼吸を3回してからあくびを何度かする。これは身体、感情、神経のストレスを和らげる最も効果的な方法だ。

次に両腕を高く上げて大きく伸びをしてから、力を抜いてすとんと下に落とし、両手をぶらぶらさせる。首と肩の筋肉をほぐすように頭をゆっくり大きくまわし、深呼吸を3回。身体はどんな状態だろうか。リラックスした？　それともまだ緊張しているだろうか。思考はどうだろう？　頭はすっきりしているか、疲れているか、それとも落ち着いているだろうか。

たった今試したのが、共感コミュニケーションの第1項目だ。少し身体を動かすだけで、脳の状態が変わり、他者とより効果的な対話ができる理由は後ほど解説しよう。まずここでは、できるだけリラックスすることが肝心だ。

このページをめくると、ある言葉が目に飛び込んでくる。そのときに起こるだろう感情の機微に気づいてもらいたい。

それではもう一度深呼吸して、今という瞬間に意識を集中させよう。

準備ができたらページをめくってほしい。

ダメ!

ダメ!

ダメ!

ダメ!

ダメ!

ダメ!

さて、どんな反応をしただろうか。眉が上がった？　身体の筋肉がこわばった？　笑顔になった？　それとも緊張した？

その反応をｆＭＲＩスキャナー［脳内神経活動の変化を画像化する巨大なドーナツ型の磁気共鳴装置］で検査すると、ほんの1秒足らずで、脳の扁桃体《へんとうたい》が活性化し、ストレスホルモンと神経伝達物質が大量に放出されている状態が記録されるだろう。ストレスホルモンや神経伝達物質は、脳の正常なはたらきを妨げる。特に影響を受けやすいのは、論理的思考、判断、言語処理、そしてコミュニケーションの機能だ。

否定的な言葉や考えに囚われてしまえばしまうほど、記憶、感情、情緒をコントロールする脳領域に負担がかかる。[1]不眠や食欲不振を招き、幸福感、寿命、健康に関与する脳のはたらきを抑制してしまう可能性もある。

ネガティブな言葉の影響はそれほどまでに大きいのだ。そこに追い打ちをかけるようにネガティブな感情を声にすれば、話し手だけでなく聞き手の脳内でもストレスホルモンが急増する。そして不安やイライラが募り、相手への不信感が生まれ、共感や協調する能力を鈍らせてしまうことになる。また映画の暴力シーンやラジオから流れる口論でも、脳は同様の変化をみせる。ネガティブな出来事だと理解・判断すると、空想と現実を区別することができず、実際に危険が身に迫っていると思い込むのだ。

ネガティブなことを長い間繰り返し考え続けると、脳がさらに刺激され、有害な神経化学物質が分泌される。悪いことが起きる可能性や過去の辛い出来事に固執し続ける傾向のある人は、最終的に臨床的うつ病だと診断されることがある。[2] 子どもも同様に、ネガティブ思考であればあるほど、情緒不安定になりやすい。[3] しかし、ポジティブに物事を捉える方法を教え、人生を変えることもできる。[4]

ネガティブな思考には際限というものがない。自身のみならず他者のネガティブ思考に曝《さら》されれば曝されるほど、脳は否定的な感情や考えを次々と生み出していく。

実際、地球上のありとあらゆる生物の中で最も心配性なのは人間なのだ。つまり、否定的な言葉を口にするだけで、周りの人間を悪循環に陥らせ、最終的に暴力行為に走らせてしまう危険性もある。また家庭や職場でネガティブな会話を続ければ続けるほど、それを止めることが困難になる。[5]

人は生まれながらの心配性

怒りを表す言葉は脳に危険信号を送り、特に前頭葉にある論理的思考・判断力の機能中枢のはたらきを抑制してしまう。

一方、恐れを感じさせる言葉――貧困、病気、孤独、死など――も多くの神経中枢に刺激を与えるが、その場合、否定的な言葉とは異なる神経活動が生じる。大脳辺縁系にある扁桃体が引き起こす「闘争・逃走反応（fight-or-flight reaction）」によって、脳は最悪の結果ばかりを想定しながら、実際に起きるのかもわからない物事にどう対処すればいいのかを繰り返し練習するようになるのだ。[6]つまり恐ろしい出来事を想像し続けることで、自分自身に大きな負担をかけてしまうのである。

どうやら人は生まれながらの心配性のようだ。数え切れないほど命の危険に曝されていた古代の祖先から、長年受け継がれてきた記憶の遺物なのかもしれない。[7]祖先に比べれば、現代に生きる私たちの不安はそこまで深刻ではないだろう。

否定的な考えや恐れを断ち切ることで、脳のはたらきを維持することができる。ポジティブな目標に意識を向け直し、積極的な態度を持ち続けることで、取り越し苦労をしやすい前頭葉の一部を鍛えられるのだ。

そして幸福感、充実感、満足感に関与する神経回路を形成するだけでなく、社会に対する意識や他者に対する共感力を向上させる神経回路をも鍛えることができる。そこから理想的かつ効果的なコミュニケーションが花開くのだ。

心配性を改善するために

心配性を改善するにはいくつかのステップがある。まず自分に「この状況は、本当に、私にとって脅威だろうか?」と問いかけてみよう。ほとんどの場合、答えは「ノー」だろう。とびぬけた創造性をもつ非現実的な前頭葉が、悲惨な状況をあれこれ考えているだけなのだ。次のステップは、ネガティブな思考をポジティブな思考に置き換えることだ。例えば、懐具合を心配しているだけでは収入は変わらない。だったら収入を増やす方法を考えて、目標達成に必要なことに集中しよう、ということだ。

これは人間関係にも当てはまる。拒否されることや誤解されることが心配なタイプであれば、心から大切にしている自分の長所に目を向けてみよう。そして他者との会話では、本当に好きなことや大切にしていることを伝えてみよう。個人的な問題や世界で起きている悲惨な事件の話は、自己不信や不安感を募らせることになるのでできるだけ控えてほしい。

空想であれ現実であれ、迫り来る危険に反応する扁桃体のはたらきを抑制できるようになれば、脳にネガティブな固定記憶が蓄積されることもなくなり、安心感や幸福感を味わうことができる。[8]

言葉を「否定」から「肯定」にシフトすれば、心から望んでいるすべての現実的な目標を達成する可能性が最大限に広がるのだ。

脳は空想を現実のように捉える

ネガティブとポジティブに関して言えば、人間の脳にはもうひとつ特徴がある。ネガティブであれポジティブであれ、脳は空想の世界をあたかも現実のように捉えるのだ。この現象を常に利用しているのが映画制作者だ。

例えば映画のワンシーンで、緑色をした三つ目のモンスターがクローゼットから飛び出してくれば、つい驚いてしまう。子どもが悪夢を極端に怖がるのも脳の仕業だ。子どもの脳内では言葉が紡ぎ出す空想の世界と現実との境界線が曖昧なのだ。

さらに追い打ちをかけるのは、感情的になればなるほど、空想や想像にすぎなかった思考が現実味を帯び始めることだ。しかし想像とは双方向的なもので、「平和」や「愛」といった言葉に意識を集中すれば、脳の感情中枢は落ち着きを取り戻す。世界は先ほどから何ひとつ変わっていなくて、何だかほっとするはずだ。

これこそが神経学的なポジティブ・シンキングの力であり、その効果は数々の優れた研究によって裏付けられている。実際、本章の冒頭でふれたように、リラックス状態を保ちながらポジティブな言葉やイメージに意識を集中させるだけで、不安や気分の落ち込みが軽減し、無意識に頭に浮かんでいたネガティブな思考は減少する。[9]

医師やセラピストが、否定的な考えや心配事をポジティブな表現に置き換えるよう患者にアドバイスしたところ、両者間のコミュニケーションに改善がみられ、患者は自制心と自信を取り戻した。[10]

強い不安を感じている人やひどく落ち込んでいる人は、ポジティブな言葉のリストを数秒間見るだけで気分が和らぎ、またポジティブな言葉を頻用する人はそうでない人に比べて、感情をより上手くコントロールできる。[11]

抽象的な言葉は掘り下げよう

ポジティブな言葉——平和や愛など——は、脳や全身における遺伝子の発現に変化をもたらすこともある。そして遺伝子のスイッチを入れたり切ったりすることで、日常生活で経験する肉体的および精神的ストレスが緩和される。[12]

しかし未発達な子どもの脳が、愛や平和という言葉を理解するのは不可能だ。幼児の脳には、抽象的な言葉を用いて思考する神経的な能力がまだ備わっていないため、最初に覚える言葉はシンプルかつ具体的なイメージや動作を連想させるものに限られている。「走る」や「食べる」といった動詞は視覚映像として連想しやすいが、「愛する」や「共有する」などの抽象動詞の理解には幼児の脳が有する以上の神経活動が必要とされる。[13]

「平和」や「思いやり」などの抽象的概念を理解するには、さらに高い処理能力が求められる。

ここで簡単なテストをしてみよう。「テーブル」という言葉を視覚化するのにどれくらい時間がかかるだろうか。わずか1秒にも満たないうちに形や機能を把握して、頭の中に思い描くことができるはずだ。それでは「正義」はどうだろう。「テーブル」よりも視覚化に時間がかかるのではないだろうか。もちろん正義とはイメージから伝わる内容以上に複雑なものだ。だから人々の間でこの重要な概念の意味について意見が一致することはほとんどない。抽象的な言葉の理解には脳内のさまざまな領域を駆使しなければならないが[14]、具体的な言葉は比較的少ない神経活動で理解が可能だ。

複雑な問題を解決するにあたって、抽象的な考え方は不可欠かもしれないが、他者との結びつきを深める上で必要な、心の底にある感情を遠ざけてしまう。実際に、抽象的概念に囚われて現実との接点を見失ってしまう人もいるほどだ[15]。「愛」はまさにその好例だろう。「こうあってほしい」という自分の欲求を相手に投影し、相手の欠点には盲目になってしまう。ありのままの愛を理解するまで時間がかかるのは一体どうしてなのか。神経科学の見地からすれば、愛情表現は、現時点で確認されている最も複雑な複合神経回路を通じて行われていることが判明している[16]。つまり愛の「言葉」は、最も高等で洗練されたコミュニケーションだと言えるかもしれない。

抽象概念の意味は十人十色である。その違いは滅多に議論されることがないため、ミスコミュニケーションや対立を引き起こす原因ともなる。つまり私たちは自分が捉えている意味を他者と共有していると勝手に思い込んでいるのだ。

「神」を例に挙げてみよう。数千人を対象にさまざまな方法や質問を用いて調査を行ったところ、全回答者の90％が他の回答者とはまったく異なる定義をしていたことがわかった。同じ宗教的・精神的バックグラウンドを持つ人々ですら、互いに根本的に異なる独自の理解を示していた。だが誰かと神について話をしている時、自分とはまったく別のものが相手の脳裏に浮かんでいるとは大抵思わないものだ。

そこでアドバイスがある。会話の最中に重要性の高い抽象概念が出てきたら、互いにとってどんな意味を持つのかを掘り下げてみよう。数分間で構わない。掘り下げるまで、自分や相手の言っていることが額面どおりだと思わないように。重要な価値観や信念について話をするときは、互いが理解している言葉の意味を明確にすることで、後々の衝突や誤解を防ぐことができるのだ。

ポジティブな言葉は自発性を喚起する

「イエス」というポジティブな言葉は脳にどんな影響力を持っているのだろう。脳スキャン技術のおかげで、ポジティブな単語やフレーズを耳にしたときに起こる脳神経活動の様子が明らかになってきた。では一体何が起きているのかというと、実はたいしたことでもない。ポジティブな言葉は自分たちの安全を脅かすものではないため、脳は「ノー」という言葉ほどには敏感に反応しないというわけだ。[17] しかしそれはある意味困った問題である。健全な人間関係の発展や仕事の能率向上には、ポジティブな思考が必要不可欠であるとすでに明らかになっているのだ。

それでは脳に「イエス」という言葉に反応するよう教え込むことはできるのだろうか。間接的ではあるが、ポジティブなイメージ、感情、信念に繰り返し意識を集中させることで可能になると私は考える。ポジティブ・シンキングが科学的、ビジネス的、神学的な根拠に基づいているか否かはさておきだ。現に、ポジティブで不合理なこだわりや思考は、幸福感、安心感、そして生涯に亘る満足感を向上させることが証明されている。[18] 不幸を感じやすい遺伝傾向のある人でさえ、ポジティブ・シンキングによって人生に前向きになる。[19]

「ポジティブ心理学」を世に広めることとなった研究では、35~44歳の成人を対象にした大規模調査が行われた。被験者は、毎晩その日一日でうまくいったと思う3つのことを紙に書き出し、うまくいった理由を簡潔にまとめるように指示された。すると調査開始から3カ月間に亘って被験者の幸福度が上昇し続け、調査終了後も憂鬱度は下降し続けた。[20] 言葉を使いながらポジティブな思考や感情を考察することで、全体的な幸福感は高まり、脳機能も向上するのである。

ポジティブな言葉や思考は、自発性（やる気）を起こさせる神経中枢を活性化し、実際の行動を喚起する。[21]また困難に直面した際に再起できる力を強化することにもひと役買っている。[22]幸福度の調査研究の世界的権威であるソニア・リュボミアスキー博士は、生涯に亘る満足感を手にしたければ、自己に対するポジティブ・シンキングを習慣にし、幸せな出来事を他者と共有し、人生におけるすべてのポジティブな体験を心から味わうべきだと唱えている。言語——自己対話、他者との会話、自分の言葉やスピーチ——を使いながらポジティブ・シンキングに励むことで、より充実した人生への第一歩につながる。

しかしポジティブが過剰になるケースもあり得る。特に大袈裟な表現には注意しなければならない。口頭や文面でのポジティブな言葉の過剰使用は、相手を欺いているサインだと読み取られることがあり、周りからの信頼を損ねる可能性がある。[23]そのような誤解は、ビジネスコミュニケーションや広告の世界で頻繁にみられるものだ。脳は、顔の表情や口調に不誠実さを探そうとする生来の性質を持っているのである。

このような問題を解決するには、前向きな姿勢を保つことだ。提供する商品やサービスに自信があるのなら——自分の言葉が本物であると自身が「感じる」のなら——誇大に評価する必要などない。なぜなら相手は言葉には表れないサインを読み取って、信頼に値するか否かを直感的に理解している。

皮肉な話だが、極端にネガティブな言葉、特にそれが敵対する第三者に向けられた言葉である場合、聞き手は第三者への猜疑心を強め、話し手により強い信頼を抱くようである。これも「ノー」というネガティブな言葉が持つ影響力の一例だ。

また人間は、極度にポジティブ、またはネガティブな言葉の濫用に慣れきってしまうこともある。[24] 認識力と感受性が鈍るからで、年中愚痴を言っている人が自身のネガティビティが自らに精神的ダメージを与えていることに気がつかないのはこのためだ。

言葉は遺伝子を変える

先にも述べたとおり、一日20〜30分間、特定のポジティブな言葉に意識を集中すると、脳内における遺伝子の発現に影響を与えることができる。米マサチューセッツ総合病院でハーバード・ベンソン博士の研究チームが行った最近の調査で、個人にとって意味のある言葉を復唱すると、ストレスを軽減する遺伝子にスイッチが入ることが判明した。[25] しかしその効果を享受するには、心身共に深いリラックス状態でなければならない。

この研究調査では被験者を深くリラックスさせるため、ベンソン博士が提唱する「リラクゼーション反応」のエクササイズが活用された。とても簡単に試せるので、そのバリエーションのひとつを紹介しよう。

遺伝子スイッチON、ストレススイッチOFF

座り心地のいい椅子に腰掛け、目を閉じる。全身の筋肉をほぐしながら、深呼吸を10回。心の落ち着きや平安、喜びを感じる単語やフレーズを、心の中または声に出して繰り返し唱える。ゆっくりと鼻で呼吸しながら10～20分間復唱を続ける。気が散るような考えや感情が浮かんできたら、その存在を認識し、判断を下さず流れに任せながら復唱に再度意識を集中させる。復唱が終わったら目を開けて、どんな気持ちなのかを確認する。

エクササイズを始めて数週間後には、意識が冴えてよりリラックスした状態になり、不安や憂鬱が軽減しているだろう。中には、喫煙や飲酒、過食の欲望が薄れる人もいるかもしれない。

この調査では、瞑想やリラクゼーション法を過去に一度も試したことのなかった初心者でも、8週間で遺伝子の発現に変化が生じた。

被験者には、横隔膜を使った呼吸法と、全身の中で緊張している部分に意識的に注意を向ける「ボディスキャン」法が紹介され、心に落ち着きや安心感をもたらす単語やフレーズの復唱法の解説を録音した20分間のCDが配布された。

この研究結果からベンソン博士らは、瞑想、祈りの言葉の復唱、ヨガ、太極拳、呼吸法、漸進的筋弛緩法、バイオフィードバック・トレーニング、誘導イメージ法などの実践でも、遺伝子に同様の効果をもたらすと示唆した。共感コミュニケーションのエクササイズにも同様のリラクゼーション法が含まれているのだが、詳細は第9章でふれよう。

一方、ネガティブな言葉は遺伝子発現にどのような影響をもたらすのだろうか。極度にネガティブな言葉は、脳内で最も重要な言語中枢のひとつであるウェルニッケ野の機能を制御する遺伝子の正常発現を阻害することが、数多くの研究結果から明らかになっている。[26] 攻撃的な言葉は、人間を肉体的ストレスから守る神経化学物質の生成に関わる特異遺伝子を破壊するようであり、幼少期に攻撃的な言葉に曝されると、不安、憂鬱、恐怖をうまく回避する能力が鈍ってしまう。また、脳にダメージを与えるネガティブな反すう［ネガティブなことを長い間繰り返し考えること］の原因ともなることが明らかになっている。

ある言葉を繰り返し聞くと、脳は影響を受ける

サブリミナルメッセージは無意識的に思考、感情、行動に影響を与える、と最新の研究は証明している。例えば、ある言葉やフレーズの反復をほとんど聞き取れないほどの音量で聞き続

けるだけで、私たちの感情は微妙に変化するのだ[27]。ネガティブな言葉は不安を煽り、ポジティブな言葉は不安を和らげる[28]。

とはいうものの、過去の研究結果が一貫して示唆するのは、たとえ本人に聞いているという自覚がなくても、脳はネガティブな言葉に集中しやすいということだ[29]。その結論は、ほんのさいなマイナス思考でも人間関係を悪化させる、という私の論拠を強固にするものである。どんなに小声でも、声色や表情からこちらの不満が相手にばれてしまうのだ。

サブリミナルメッセージのメリットは、もっといい仕事をしようという意欲を喚起させることだ[30]。また個人的な関係におけるエロティックなサブリミナルメッセージは、性的な思考を生じさせる。そこまではうなずける話だが、どうやらエロティックな言葉は問題の解決策を改善する効果もあるようだ[31]。実際に、愛している人の名前を無意識でも耳にするだけで、愛情に関与する神経回路が活性化するが、友達の名前ではその変化はみられない[32]。

これは恋愛をする上で無視できない事実だ。なぜなら愛する人にできるだけ多く愛情を伝えることが大切だと示しているのだから。それでも困ったことに私たちは愛する人の存在を当たり前だと思い込み、気分を害したときにだけ口を開きがちだ。

しかしサブリミナルメッセージには、明確な話し言葉や書き言葉を用いた説得力のある言葉ほどの影響力はない。

米カリフォルニア大学ロサンゼルス校の研究調査では、ｆＭＲＩスキャンにかけられている被験者に、日焼け止めの使用を推奨するメッセージを読ませ、さらに同じメッセージの録音音声を聞かせた。すると被験者は、研究者らには日焼け止めの使用を勧められていないにもかかわらず、メッセージにふれる回数が多ければ多いほど、調査の翌週に日焼け止めを使用する回数が増加した。[33]

また同じ研究者らが、喫煙者を対象に同様の調査を行ったところ、調査終了後の1カ月間で全被験者の喫煙本数が減り、特に禁煙を勧めるメッセージで脳活動が活性化した被験者は喫煙本数の減少数が最大だった。[34]

ポジティブな言葉はドラッグより効果が高い

ポジティブで前向きな思考を持ち続けると、前頭葉が活性化する。前頭葉内にある特定の言語中枢は、運動の計画や実行を担う運動皮質に直結している。[35]

そして私たちが行った研究結果が示すように、ポジティブな言葉に集中する時間が長ければ長いほど、脳の他の領域に影響を与えることとなる。頭頂葉の機能が変化し始め、それによって自己や他者に対する認識が変化する。自己肯定は他者の長所に目を向けやすくし、自己否定は不信感や疑念に傾倒させる。また視床の構造も、意識的な言葉、思考、感情に反応しながら徐々に変化していく。視床構造の変化は、現実を認知する能力に影響を与えると思われる。

　ここで例を挙げてみよう。「平和」という言葉を心の中もしくは声にして意識的に唱え続けると、自分や他者に対して安堵の気持ちが次第に湧き上がってくるのを感じるだろう。それは平和というメッセージに視床が反応し、視床を通じてそのメッセージが脳の他領域に伝達されるためだ。つまりドーパミンに代表される快感物質が放出され、報酬系が活性化し、不安や不信感が消え、全身がリラックスするのだ。

　ポジティブな言葉を、ある一定の期間復唱し続けると他者への共感力がはぐくまれる。実際に最新の研究結果では、そのようなトレーニングによって、大脳新皮質の厚みが増し、闘争・逃走反応を引き起こす扁桃体を縮小させることが明らかになっている。

　我々が行った脳スキャン調査結果は、ポジティブな思考、気持ち、結果に意識を集中することは世界中のいかなるドラッグよりも絶大な効果があり、特に昔からのクセ、習慣、信念を変えようとする場合でその効果は顕著だと示している。私が知る限りでは、その全過程を担っているのは、言語を基本としているときの脳内活動だ。

　言語や言葉の使い方を変えると意識に変化が訪れ、その変化は人生における思考、感情、行動すべてに影響をもたらす。そしていつか、穏やかで前向きな気持ちで、過去の嫌な記憶を語ることができるようになるかもしれない。すると過去の記憶は姿を変え、それまでとは違う形で脳内に整理されるのだ。[36]そして次回思い返すときには、記憶に新しく織り込んだポジティブな言葉と共に想起される。
物事を前向きに捉え直すこと、物事を肯定的に再確認すること、受容に基づいた自己認識トレーニング、リラクゼーション法、催眠術、瞑想、このいずれもネガティブな反すうや気を滅入らせる思考をさえぎってくれるのだから、[37] 日課として取り入れてみてはどうだろうか。自己に内在する言葉を変えることで、自分の生きる現実を書き換えることだってできるのだ。

人間の脳は驚くほどクリエイティブで、まるで脚本家のように四六時中、ポジティブなシナリオとネガティブなシナリオを捻り出しているが、大抵の人はそれを自覚していない。たとえ気づいたとしても、擦り切れたレコードが同じフレーズを何度もリピートするように、頭の中のおしゃべりは延々と続いていく。

なぜなら物事を繰り返すという思考パターンは、変化に強い抵抗性を示す頑丈な神経回路を形成するからだ。だからこそ新しい神経回路を形成するために、新しい考え方、話し方、聞き方を常に取り入れていかなければならない。

私たちはネガティブ思考に囚われて負のスパイラルに陥ることもあれば、もはや必要のない長年のクセや習慣を変えることもできる。それが想像力の力なのである。

まず頭の中のネガティブを認識する

言葉の使い方に注意する上でまず大切なのは、無意識のうちに頭の中に浮かんでくるありとあらゆるネガティブな思考の存在を十分に認識することだ。そして意識を自己の内面に向け、忙《せわ》しない脳のはたらきに細心の注意を払う。見えるものや聞こえる音はあるがままに、思考、感情、身体の感覚に起こる一瞬一瞬の変化を、判断を加えずに静観する。これがマインドフルネス（瞑想）の定義であり、考え方や感じ方を変えるためには、非常に重要なツールとなる。

ここである実験を試してみよう。まず目を閉じて頭の中を空っぽにする。新しい思考や感情が浮かんでくるまで、どれくらいの間その状態をキープしていられるだろうか。そのような方法に不慣れだという人は、座ったまま5〜10秒間思考を停止させるだけでもいい。マインドフルネスのベテランですら、無心になってから30秒後には頭の中でおしゃべりが始まるだろう。

マインドフルネスの目的は、黙り込むことではなく、意識の絶え間ない変化を自覚することだ。言語主導で動いている意識は、意見、信念、臆測、将来の計画、物事に対する洞察などで常に溢れかえっている。自己の内なる声、インナースピーチを傍観する術を身につければ、思考が勝手にフィルターにかけてなかったことにした周りの音にも気づくようになる。

しかしインナースピーチが大人しくなったと思った途端、耳障りな愚痴が堰を切ったように湧き上がってくるかもしれない。

例えば、「こんなのバカバカしい！　他にやらなくちゃならないもっと大切なことがあるのに！」という言葉が浮かんだとしよう。その考えの存在に気づき、自己の内側にある静けさや呼吸に再び意識を戻しながら、ことの成り行きにまかせるのがマインドフルネスだ。だがしばらくすると、またしても「背中が痛い」など他の思考や気持ちが湧き上がってくるだろう。

この自己内での対話は無理に終わらせる必要もない。すべきことはひとつだ。その対話に判断を加えずに、じっくりと観察するだけである。マインドフルネスという独特の意識状態は前頭葉のはたらきを活性化し、不安、苛立ち、ストレスの感情を抑制する。したがって、仕事や勉強中にこのような意識状態を保つ術を体得すれば、疲弊することなく今以上に目標を達成できるだろう。最新の研究結果が示すように、他者に対してより寛大になるかもしれない[38]。またある企業研究家が述べているように、国民総幸福量が増大するだろう[39]。神経経済学のある研究結果では、マインドフルネスな状態で意識を観察し、意識が紡ぎ出すインナースピーチが変わることで、企業内の協力体制や経営管理が改善することが明らかになっている[40]。

米メイヨー・クリニックが７００名の被験者を対象に40年以上に亘って実施した調査の結果によれば、マインドフルネスとポジティブ思考を組み合わせれば、寿命を2年伸ばすこともできる[41]。

だから言葉は賢く選ぼう。私たちの幸福度、対人関係、それに財産にまで影響を与えるのだから。

column

ネガティブな反すうをブロック

以下に紹介するのは、米ワイルコーネル医科大学のロバート・リーヒイ臨床心理学博士が推奨するネガティブな反すうの撃退法だ。ネガティブにとらわれたときに、試してみてはどうだろうか。

1 これまでネガティブ思考が一度でも役に立ったか？ と自分に問いかけてみる。答えは大抵「ノー」だ。
2 ネガティブな考えを紙に書き出して、脇に置いておく。しばらく経ってから読み直してみると、たいした問題ではないように感じられるだろう。
3 その問題は現実なのかそれとも想像なのか、現在のことか過去の一部なのかを自分に問いかける。そして過去を受け入れたら、後は何もせずそのまま放っておく。
4 近い将来、達成できそうな目標に意識を集中する。
5 問題の多くは厄介な上に不公平で、中には解決できない問題もあることを受け入れる。
6 休憩をとって、楽しいことに意識を向ける。

Chapter

3——脳はマルチリンガル

コミュニケーションスキルは向上する

私マークは7歳の頃、両親に連れられてニューヨークにある国連本部を訪れたことがある。そこがどんな場所で何があるのかまるで見当もつかなかったが、使われていた多種多様な言語に思わず息を呑んでしまったことを憶えている。

見学者席に着くと、椅子にコードがつながったヘッドフォンを手渡された。椅子についているツマミを回すと、チャンネルごとに違う言語が聞こえてくる。幼い私は興味津々ですっかり夢中になったと同時に頭が混乱してしまった。会議ホールの壇上でスピーチをしているのは男性なのに、ヘッドフォンからは女性の声が流れてきたのだ。

当時の私にはそのヘッドフォンの声が同時通訳のものであるとは理解できずにいた。私の困惑に気づいた父は、会議ホール奥に見えるガラス張りの部屋を指さした。部屋の中には10数名の人々が着席し、それぞれマイクに向かって話し続ける姿が見える。そして父は「あの人たちは壇上でスピーチしている男の人の言葉を他の言語に通訳しているんだ。世界中からやって来た各国の代表がスピーチの内容を理解できるようにね」と説明してくれた。

脳の言語処理機能は、国連の通訳たちのようなはたらきを持っている。神経細胞（ニューロン）やその他さまざまな細胞は、実に多様な方法で情報を伝達し合うのだ。化学物質を放出する場合もあれば、電気信号を用いることもあり、素粒子レベルの伝達を行うことすらある。脳内のさまざまな細胞は、神経伝達物質という化学物質を通じて、ありとあらゆる情報をひっきりなしで他の細胞に伝達している。例えばニューロンの軸索と樹状突起間、加えて、総合的な脳内活動すなわち空間的に離れた複数の神経活動の同期を促す神経オシレーション（ニューロンの共振活動）も起きている。

そのように忙しない神経活動の狭間でかすかな意識が生まれる。そのわずかな意識の中で言語を操りながら、他者に自らの感情や思考を伝えているのだ。おまけに言語と言ってもさまざまなバリエーションがある。音声言語と非音声言語。感情の言語と理性の言語。ボディランゲージと手話。そして芸術の言語——詩、絵画、ダンス、彫刻、楽曲など——も存在する。これらは脳独自の言語システムと見なされており、いずれの言語力も教育と訓練によって発達する。[1]

言語はどこから始まるのか

言語は、卵子が受精しDNA二本鎖の複製が開始した直後から始まっていると言っても過言ではない。胚細胞（受精卵）は細胞分裂を繰り返しながら、遺伝子情報を分裂した細胞へと伝達する。そして分裂した細胞は独自の言語体系を用いて互いの活動を連携させながら分化する。個体がさらに発達して構造が複雑になると、情報伝達機構もさらに複雑化し、分化した細胞の集合体はそれぞれの役割を担い始める。

それはまるで高度に組織化された企業のようで、あるグループは管理部門を、またあるグループは生産部門を担当する。他にも、個体の機能的な効率を上げるために組織構造を変化させる操作を担うグループもある。臨機応変なはたらきを見せる独創的なグループもあれば、調整因子として作用するグループもあり、また何のはたらきも持たず潜在的な脅威に備えるだけのグループもある。

つまり脳は本質的に、ありとあらゆる方法を駆使して情報伝達を行うさまざまな分化細胞の集合体として、脳全体の健康状態を維持しているのだ。しかし疾患や遺伝子異常などが原因で、情報伝達がほんのわずかでも滞れば、個体は生命の危機に脅かされることとなる。

さらに脳は、脳内の情報伝達を指揮すると同時に、異なる環境で発達した他者の脳とコミュニケーションを図る術を学ばなくてはならない。よって、脳に課せられた次のタスクは、私たちが話し書くことのできる共通言語の習得だ。そして言語習得には新しい神経回路の形成が不可欠となる。言葉をはっきりと発音するために、声帯や顔の表情をコントロールする術はもちろん、絶えず耳から入ってくるさまざまな音を聞き分ける高度な聴力も身につけなければならない。

それら言語スキルを伸ばすには何年もの時間を要する。子どもや青年が他者との効果的なコミュニケーションにつたないのはそのためだ。

言語中枢のはたらきは強化できる

言葉を用いた発話は、最も高度かつ複雑なコミュニケーション・プロセスである。まず発声と、身振り手振りで相手に意図を伝えるための生理機能が発達していなければならない。ジェスチャーは脳内でも最も原始的な領域によってコントロールされている。動物の世界でのコミュニケーション法としてジェスチャーが頻繁に見られるのはそのためだ。

発話はより複合的な脳機能を要し、その機能を備える領域は大脳新皮質内に位置している。新皮質とは文字どおり「新しい脳」という意味で、大脳の表面に広がる神経細胞の薄い層として、怒りや恐れなどの情動をつかさどる旧皮質を覆っている。

新皮質のはたらきには、言語習得、発声のコントロール、また他者に意味が伝わるように発声するための機能などが含まれる。新皮質のように高度な言語中枢のはたらきがあるからこそ、私たちは自己という概念を得て、創造力を駆使しながら自らの生活や人生を意識的に変えることができるのだ。

人間の言語中枢は、他の動物には見られない独自の能力をもうひとつ備えている。新皮質の神経細胞から、小脳および身体運動を制御する脳領域につながる軸索――神経細胞から延びている先端の突起――を形成することができるのだ。[2] これにより、他者とのコミュニケーションに必要な、声帯、表情、手の動きという3つの要素を自在に操ることができるのである。

動物界では人間だけが、手先や顔の表情、また声帯の動きをより高度にしたいと「考える」ことのできる生物だ。また多くの研究者によれば、私たちが的確に話し言葉を操ることができるのは、言語と脳の共進化によるものである。[3]

つまり言葉を話し書く機会が増えれば増えるほど、脳の言語中枢のはたらきは強化されるのだ。

コミュニケーションの鍵は、表情、抑揚、ジェスチャー

すべての生物は互いにコミュニケーションを図っている。それでは人間は他の動物よりもコミュニケーションに長けているのだろうか。答えは「イエス」であり「ノー」だ。例えば、アリの神経細胞数は1万と、ヒトの神経細胞数の100万分の1である。しかしアリはどの生物よりも実効性のある社会活動を営むことができるのだ。集団としては非常に平和な生き物であるが、外敵からの攻撃には実に効率のいい戦法で相手に戦いを挑むのである。個々のアリはアリ社会における自らの役割を理解し、集団生活を築き維持するために素晴らしい創造力を発揮する。アリのコミュニケーション力を前にしては、ヒトのそれなど実に頼りないものだ。

ヒト以外の霊長類の発声のメカニズムはヒトと非常に類似しており、[4] またそれはトリにも当てはまる。トリも霊長類と同様に高度な音声コミュニケーションを用いており、ヒトの脳領域構造と驚くほど類似する言語神経回路のネットワークが発達している種もいるほどだ。[5]

では他の動物に比べ、ヒトのコミュニケーションを独自にしているものは何なのだろうか。実は、話し言葉の「質」だけでなくその「量」も、私たちのコミュニケーションを類い稀なものにしている。ヒトは何百何千もの表情、ボディランゲージ、言葉を使い分けており、それらを組み合わせた幾通りものパターンを使って、言葉や感情の微妙なニュアンスを相手に伝えることができる。話すスピードやリズムを少し変化させるだけで、その内容の文脈や聞き手の脳

でどのように処理されるのかを変えることができるのだ。

言葉だけでは、他者に伝えようとするメッセージをすべて伝えきることはできない。効果的なコミュニケーションを成立させるキーポイントは、話すときに使う顔の表情、声の抑揚、ボディランゲージだ。

事実、話し手が伝えようとしているメッセージの意図を正確に理解するためには、脳内で相手の声と身体の動きを一体化させながら処理しなければならない。[6] またジェスチャーは、言語理解を担う神経中枢のはたらきを調整することにも役立っている。[7]

人間の非言語コミュニケーションの世界的権威、ポール・エクマン博士は、人間には1万以上もの表情があることを確認し、[8] そこから、言語機能をコントロールする神経回路は、ジェスチャーを用いるときに使われる神経回路と同一であることが明らかとなった。[9] ジェスチャーは記憶力と理解力を向上させ、[10] 左右の手の使い分けによって異なる情報を伝えることがあり、その違いが相手の反応に影響を与える可能性もある。独マックス・プランク研究所が行った研究調査を例に挙げてみよう。２００４年と２００８年のアメリカ大統領選最終弁論での各候補者のコミュニケーションスタイルを調査したところ、驚くべき事実が判明した。右利きの候補者はポジティブなメッセージを伝える際には右手を、ネガティブなメッセージでは左手を使っていたのだ。そして左利きの候補者には正反対の行動が見られたのである。[11]

この研究成果は、スタンフォード大学が発表した最近の研究結果によって裏付けられている。私たちは利き手を使ってポジティブな考えを、もう片方の手を使ってネガティブな考えを伝えようとする傾向があるのだ。[12] しかし会話している相手の手の動きだけでその意図を先読みしてはならない。話し言葉とジェスチャーには食い違いが多く、特に複雑な内容や新しい情報を伝えようとする場合、その違いは顕著である。[13] エクマン博士の指摘どおり、顔の表情とボディランゲージから伝わるメッセージは、相手が実際に伝えようとしている内容の「ヒント」に過ぎないのだ。

これら神経科学的研究は、他者の非言語メッセージに着目することの重要性と、十分なコミュニケーションを図るためには意識的に顔の表情、声の抑揚、そしてボディランゲージを駆使する必要性を示している。話している言葉とジェスチャーが矛盾すれば、聞き手との間に神経学的な不協和が生じ、目の前にいる相手を混乱させてしまうことになりかねない。[14]

言葉とジェスチャーの相互作用

それではここで、言葉とジェスチャーが脳内でいかに相互作用しているのかを実際に体感してみよう。

次の文章を声に出して読んでから、頭に浮かぶ思考、イメージ、感情などを確認してほしい。

「ボールは丸い」

今度は、大きなグレープフルーツを持っているかのように手を丸めながら、同じ文章をゆっくりと声に出して読んでみよう。頭に浮かんだイメージや感覚の変化を感じて。

さらに、両手腕全体を使って大きな弧を描きながら「ボールは丸い」と声に出してみよう。今度は印象だけでなく、声の抑揚にも違いがあるのが感じられるだろうか。

私たちはジェスチャーを交えながら言葉を発することで、聞き手の注意を引きつけることができるのだ。このテクニックの達人がまさにコメディアンであり、ジェスチャーがなければ言葉の裏に隠されたユーモアも台無しになってしまう。

エクマン博士は、表情を使って効率的にコミュニケーションを図りたいのであれば、鏡の前に立ち、怒り、悲しみ、恐れの表情を再現してみるといい、と述べている。それらの表情を作ることで「身体および脳の生理機能にそれぞれ変化がもたらされる」[15]。しばらく練習を続ければ、他者との会話で万が一話が脱線してしまう前に、自分の中にある怒り、悲しみ、恐れなどの破壊的な感情に気づく術を体得できるはずだ。

しかし幸福や満足の表情は少々勝手が違う。同様に鏡を見ながら練習はできるものの、その笑顔が少し変わるだけで、不安から充足感までさまざまな意味が込められていることに気づくのではないだろうか。

表情を介した感情表現は主として不随意筋に制御されているため、誠実さ、愛情、信頼を伝える表情を見せかけで作るのは困難だ。しかしその一方、大半の人は共感や親切心を心の底から抱いていても、その気持ちを表情として十分に表すことができない。会話を通じて互いを信頼し、心の通い合った関係を築くために大切な顔の表情を意識的かつ意図的に作る方法は第5章でふれたい。

これからは誰かと会話するたびに、相手の非言語シグナルに注意してみよう。そしてその手の動き、まなざし、身体の動きに自分の動きを合わせてみよう。お互いの動作に同調することで、相互理解が深まり、互いに好感を持つ可能性が大幅に高くなる。[16]

大切なミーティング、面接、プレゼンテーションの前にも、鏡の前で表情を作る練習をしてみるといいだろう。言おうとしていることを実際に声に出しながら、話し言葉と身体の動きを一体化させれば、より良い結果を導くことができるはずだ。

セラピストは効率的に仕事を進められるようになるだろうし、講演者なら評判が上がるだろう。医師は患者から敬意を払われるようになり、マネージャーは従業員から尊敬されるようになるだろう。教師なら生徒の成績アップにつながるかもしれない。

米コルゲート大学で心理学と神経科学の教鞭を執っているスペンサー・ケリー博士はこう述

べている。「教師はジェスチャーを使うことで、学生とのコミュニケーションや学生の知識評価、また語学や数学など従来から難解とされる抽象的概念を学生らに深く理解させるといった、根本的な職責をより効果的に果たすことができる」[17]

声の抑揚が感情を伝える

声の抑揚は、ジェスチャーと並び、有意義で説得力のある会話を紡ぐ上で欠かせない要素のひとつである。米エモリー大学の研究者が指摘するように、言葉と比較すると、声の抑揚――強弱、大きさ、テンポ、リズム――には、相手を理解する上でより役立つ情報が込められていることが多い[18]。犬でさえ、飼い主の声の抑揚の変化で、それが命令なのか情報なのかを認識することができるのだ[19]。もちろんそれは人間同士にも当てはまる。正しい抑揚をつけなければ、誤ったメッセージを込めてしまうことになり、相手がこちらの意図しなかった反応を示すこともあり得る[20]。

声の抑揚はそのときの感情を伝えるものであり、脳内に蓄積された言葉やその意味を一変させてしまうほどの影響力を持っている[21]。その事実には効果的なコミュニケーションを営むための大切なヒントが隠されている。自分の話した内容を相手が憶えていられるようにしっかりと伝え、また自分も相手の話を憶えておくためには、言葉、声の抑揚、顔の表情、ジェスチャー、そしてその他の微妙なヒントといったコミュニケーションの要素を注意深く観察することを体得しなければならない。

そしてそこから得られる膨大な量の情報をそれぞれ見極めるには、会話のスピードを緩め、話を簡潔にまとめ、相手の声の抑揚を意識しながらじっくり耳を傾けることが最適だ。だがそれもストレスや気の焦りで忘れてしまいがちになる。だからこそ、会話の最中にはリラックスした状態を保つことが肝心なのだ。

コミュニケーションの質をあげる秘密

ようやく最近になって、社会的なコミュニケーションを営む際に活性化する神経回路の位置が特定され始めた。そのマッピングによれば、進化論的に最も新しい構造である「島皮質」と「前帯状皮質」が連携し機能しているようである。島皮質と前帯状皮質は、思いやりや共感の表現、問題解決、虚偽の認知に関与している。両者は互いに連携しながら情動反応や情動行動を制御し、扁桃体のはたらきによって生じる恐れや怒りの情動を抑えるだけでなく、言語処理、発話、リスニングにも直接関与している。[22]

加えて、自己内省や自己内観を深めるために不可欠であり、他の主要な領域と密接につながっている。[23]また、共感コミュニケーションの実践により、島皮質と前帯状皮質のはたらきが向上し、それによって、深い共感や思いやりの心を持って他者に対応する能力が高まる。[24]

実際に、本書で取り上げているようなメンタルエクササイズの実践により、島皮質の大きさと厚みが増し、その活動はより活発になった。[25]また、前帯状皮質にも同様の変化が見られた。[26]このことから、共感コミュニケーションを定期的に実践することで、コミュニケーションの質を永続して向上させることができると言えよう。

すべての人間の脳は出生直後から独自に発達するため、同じコミュニケーションスタイルを持つ者は世界に二人と存在しない。つまり創造力が多様化するということだが、個々の創造力が異なる分だけ誤解も生じやすくなる。しかも他者どころか、自己内で絶えず起きている情報伝達のほんの一部しか自覚することができないのだ。研究では、人は誰もが自己認識を高める能力とコミュニケーションスタイルを改善する能力を備えていることが明らかになっているが、会話するたびにその能力を発揮する努力をしなければならない。

本章の冒頭で紹介した国連でのエピソードを例に挙げるとすれば、意識とは、さまざまな人々がさまざまな言語を用いながら多様な案件について一斉に報告をしているという状態を、たった一人の通訳がまかなっているようなものなのである。

政府がこのような形で運営されていたとしたら、その国はおそらく破綻してしまうだろう。人間の脳はなかなかの働きぶりを見せることも確かだ。しかし意識の許容範囲を超えてしまうと、過度のストレスや不安が引き起こされることがこれまでの研究で十分明らかになっている。

これが私たちの抱えるジレンマというわけだが、効率良く情報を処理するテクニックを脳に教え込むことはできる。「日常の意識」の言葉から「気づき」の言葉へと切り換えることはできるのだ。

column

言葉はどんな味？

驚かれるかもしれないが、言葉にはさまざまな味があり、話し言葉は人間の味覚と胃の感覚を刺激する[27]。高い声には甘みまたは酸味があり、それに比べ低い声は塩辛い[28]。英オックスフォード大学の研究者によれば、苦みはトロンボーンのような味がするという[29]。このような研究から、コミュニケーションは多感覚な情報処理を要することがわかる。つまり自身の身体や情動の状態を自覚しないまま、早口で話してしまうと、問題解決や他者との共同作業において大切な情報を伝えるヒントを見落としかねないのである。

思考と視覚

私たちは言葉を使って思考することを覚える以前に、本能的に絵や写真などで物事を認識する。そして脳が発達し続けると、物事を抽象的に捉える能力が急速に養われる。下記のイラストは「画像を使った言語」から「言葉を使った言語」を表している。

一般的に、写真や絵で表された言語は脳の後方にある領域で処理され、抽象的概念は前頭葉で処理される[30]。他者と効果的にコミュニケーションを図り、有意義な会話を紡ぐため、言葉、シンボル、絵や写真を組み合わせて活用しなければならない[31]。

Chapter

4――心の中を自覚する

意識の言語

人間の意識の存在は誰もが認めるところだが、意識とは一体どんなもので、どこに存在し、どのように作用するのかは依然として明らかにされていない。[1]

それどころか定義すら定まっていないのだ。アメリカ心理学界の父ウィリアム・ジェームズは1904年、意識とは「非実在するものの名称（中略）言わばほんの残響であり、哲学の中に消えゆく『魂』が残したかすかな流言」に過ぎないと結論づけた。

それから約100年後、ノーベル賞受賞者のフランシス・クリックと神経科学者クリストフ・コッホも、科学者たちに、「極めて大掴みな場合を除き」意識という言葉の使用を控えるべきであろうと提言している。[2]しかし彼らも他の科学者らと同様に、この得体の知れないモンスターの本質を明らかにしようと、数多くの論文や書籍を発表し続けた。現在も意識の定義への模索は続いており、科学界、心理学界、また神学界においてはホットなトピックとして注目を集めている。カトリック教会の総本山であるバチカンですら、意識は受胎した瞬間から神によって授けられるものである、と提言しているほどだ。「神経神学」とも呼ばれるこの新分野では、意識とは人間の魂の真髄である、としている。

定義の方法にもよるが、意識はヒト固有のものではなく、最も原始的な単細胞生物にも存在する可能性がある。例えば、ハチは色分けされたシンボルを認識することが可能なため、色によって右折か左折かを教え込むことができる。他の昆虫と同様、ハチには短期記憶と長期記憶が備わっているのである。またハチのコミュニケーションスキルはヒトのそれに匹敵するほどで、仲間との抽象的な関係を理解し、集団で意志を決定する。実際、神経細胞から神経細胞への情報伝達に関しては、ヒトよりもハチのほうが情報量の多いことが明らかになっているほどだ。[3]

もはや人間の意識が優れていると無闇に主張を続けることはできないだろう。例えば、イルカやクジラはさまざまな意味で、ヒトよりも言語スキルや社会性に優れている。さらにヒト以外の霊長類はイルカやクジラよりも複雑な意識を持っているようである。

神経学的に言えば、意識とは、人間の脳のほぼ全領域のはたらきが絡み合っているもので、[4]

そのはたらきによって私たちは社会意識を持って他者とコミュニケーションを図ることができる。[5]

しかしそこで生じる疑問は、意識と脳の因果関係だ。意識は脳の活動による産物なのか、それとも脳は意識によって形成されているのであろうか。今ではその両者とも事実であることがわかっている。あるひとつの思考を意識的に持つだけで、脳内の全領域の活動を活性化することが可能である。[6]また、私が仏教徒のグループを対象に行った脳イメージ研究によれば、意識の本質について深く考えるだけでも、脳の構造や機能を変えることが明らかになっている。人間の意識について数多くの研究結果が毎年発表されている。しかし、人間の意識の本質と起源は未だ謎に満ちたままだ。

そのとらえどころのなさもあって、ロジャー・ペンローズ博士やスチュワート・ハメロフ博士に代表される学者たちは、意識を説明する最善策として量子力学の原理を用いるべきだと提言している。[7]今のところその提言を裏付ける決定的な確証は示されていないが、いつか意識と量子力学の原理に関連性が見つかってもおかしくはないだろう。

だが、人間の意識——または意図的な思考に関連しているだろう何か——というものが、私たちが普段思い込んでいる肉体と精神の限界を超越することは可能である、という実質的な裏付けは存在する。[8]

実用化には不十分かもしれないが、米知的科学研究所（The Institute of Noetic Science）の研究主幹を務めるディーン・ラディン博士が、人間の意図が他者の自律神経系に与える影響を調査する二重盲検試験を行ったところ、話し手の聞き手に対する思いやりの思考により、実験が行われていることすら知らされていない聞き手の皮膚コンダクタンス［皮膚の水分量に応じて変化する皮膚の電気伝導度］にわずかながら変化が生じた。[9]

さらに人間の思考は、遠隔にある不活性物質――例えば文字どおり地球の反対側にある水の結晶など――に影響を与える可能性すら示唆していた。[10] これら研究結果の妥当性と一貫性を評価するには時期尚早であるが、人間の脳のコミュニケーション力は、現在確立されている科学的原理に反し、一般的な人間関係をも超越することを示している。

人の意識は個人的な体験である

言語や人間のコミュニケーションの影響力を理解するにはまず、人間の意識的思考について現在まで解明されている事実を踏まえなければならないだろう。

最近の研究結果によれば、意識は胎児が母親の子宮から生まれた時点から始まることが明らかになっている。[11] 子宮内にいる胎児は絶えず睡眠状態にあるため、言葉を形成する脳領域の神経活動はほとんど見られない。

しかし新生児は出生直後に、自分を取り囲む他者や物体が自身とは異なる存在であることを認識する。つまり自己と他者の存在を認知しているのだ。さらに、この世界で生きていくためには他者との意思疎通が不可欠だと本能的に自覚しており、叫び声、笑顔、手を振るなどの発声やボディランゲージを通じてコミュニケーションを図る。また新生児は胎内で聞いた音や母音を記憶しており[12]、情動反応や他者への共感を表すしぐさを示す。

意識的な発話をつかさどる脳領域は脳組織の最外層に位置しており、出生時にはその大部分は未発達状態にある。神経系の発達は出生直後から始まり、大脳新皮質、視床、深部構造をそれぞれつなぐ神経回路が形成される。その形成状態から乳児や幼児の意識の度合を推測することが可能であり、また意識は生涯を通じて発達し変化し続ける[13]。しかし、その極めてデリケートな神経回路のはたらきを乱してしまうと、意識に回復不能なダメージを与える可能性もある[14]。

意識はそれ自体がひとつの世界、つまり十分には把握し得ない外界の現実を抽象的に捉えた心的表象だ。

色を例に挙げてみよう。色というものは本来実在しない。色の情報を伝える波長は実在するが、その波長は脳が「見ている」ものではない。脳内の視覚中枢が、網膜内の錐体細胞が感じた波長を情報として読み取り、その情報が脳内で色として再構成され、使う言葉によって分類されるのだ。[15]人間の視覚機能は万人に共通しているため、晴れの日には「青い」空を眺めることができる。空は実際には「青」ではないものの、特定の名称や呼び名をつけなければ、脳はその具体的な色を「見る」ことができなくなってしまうだろう。

また生まれ育つ文化の影響によって、色を表現する言葉が異なるだけでなく、実際に「見て認識する色」さえも変わるのである。[16]

例えば、パプアニューギニアのベリンモ族は、「緑」と「青」を区別することはできないが、区別する方法を学ぶことは可能だ。つまり、色の見方と分類は、人間の脳に固有の認知処理能力が制御している固定化された言語によって異なるのである。[17]

文化の違いは発話にも当てはまる。発音やイントネーションを変えるだけで全体の意味が異なってくるからだ。他者と話すときにはそれを肝に銘じておかなければならない。たとえ同じ言葉やフレーズでも、育った文化背景や幼少期の経験によって、人それぞれ反応が異なるのだ。

例えば「あなたは美しい」という言葉は、ある人には褒め言葉にもなり得るが、ある人にとってはプライバシーを侵害されていることになりかねない。中国では、外見の美しさを褒めることは不作法であると見なされている。

通常の会話では、他者が自分と同じ視点や論点から言葉を理解し関連づけていると誤った前提を持っているものだ。だからこそ、同じ言葉を使っていたとしても、耳に入るものは人それぞれであることを念頭に置かねばならない。

言い換えれば、意識——そして情動、思考、信念を伝えるために使う言語——は、極めて特異かつ個人的な体験なのである。[18] この神経学的事実を認識することで、他者が私たちの言葉を完全に理解しているという先入観もなくなり、もっとコミュニケーション上手になることができる。

脳は長話が苦手

意識には異なるレベルや状態があり、脳内にある特定の神経回路によってそれぞれ制御されていることが、科学者たちの手によって明らかにされてきた。[19] その中でも私たちに最も関係が深いのは「内省的な気づき」とは異なる「日常の意識」だ。[20] 日常の意識は、常日頃から当然のように抱く何気ない思考、情動、感覚から成り立っており、現実を捉える視野は限られている。例えるなら、パノラマのように壮大な眺望のごく一部を捉えたスナップ写真のようなものであり、スナップ写真から伝わる情報は刻一刻と変化しながら、私たちの世界観をも変化させている。[21]

また日常の意識はワーキングメモリ［情報を一時的に保持し、目下の行動や作業を進めるための短期的な記憶］に大きく依存している。私たちはワーキングメモリを用いながら文章を構築し、他者にその意味を伝えているが、本書の冒頭でもふれたように、平均的な人間は短時間かつ一定量の情報にしか集中することができない。つまり、他者と意識的にコミュニケーションを図ろうとする際、ワーキングメモリはそれまで脳に蓄積された膨大な情報の中から3〜4つの「情報のかたまり」を選び出しているのだ。[22]

ではその「かたまり」とは一体何だろうか。それは脳が「これは関連がある情報だ」と選択した情動や思考を具体的に示すもので、いわゆるパケットだと考えてほしい。人間の短期記憶がその情報のかたまりを保持できるのは、平均約20〜30秒に過ぎないのである。[23] そして20〜30秒が経過すると、古いパケットはワーキングメモリから消去され、代わりに次のパケットが新しい情報として蓄積される。いってみれば、大自然の中で木々や岩山、植物、さえずる小鳥たち、そして木漏れ日をいっぺんに眺めているようなものだ。

私たちが意識的にすべての情報に注意を向けることは不可能なため、脳は木々や岩山、その他の情報を集約した上で「森」だと判断する。そして感覚器官からさまざまな情報を取り込みながら、その場で経験している物事に対して的確な言葉を選択しているのだが、新しい情報のかたまりがワーキングメモリに蓄積されると同時に、その言葉は忘却されるのである。

他者の話を聞いているときにも脳内でまったく同じことが起きている。脳は、相手の言葉やそこに込められた意味を一旦すべて取り込み、内容を要約した上で、その瞬間の思考をはじき出す。よって情報がワーキングメモリの限界を超えると、状況に関連性のありそうな言葉を、無意識かつ独断的に選び出しているのだ。

その何が問題なのかは想像に難くないだろう。多くの人々は、会話の相手にできるだけ詳細な情報を言葉で伝えることが大切だと思い込んでいるが、実際のところ、相手が集中できるのは、たった4つの情報のかたまりで、その許容時間もごくわずかなのだ。

ここで、たった今読んだパラグラフを用いて実際に体感してみよう。10秒間もしくはそれ以内で読み終えてしまっても構わない。だが、十数回読んだとしても、復唱はできないのではないかと思うがいかがだろうか。実は前述のパラグラフは10~15個の情報のかたまりを含んでいる。つまり、日常の意識が処理可能な情報量を大幅に超えているのである。

日常の意識の限界を理解すれば、話を簡潔にし、今伝えた内容を相手が理解しているのかを確認しながら、コミュニケーションを円滑に進めることができる。もし伝えたい内容が相手にとって新しかったり複雑であったりする場合は、言い回しや伝え方を変えながら幾度か試してみるといいだろう。それにより相手の脳内では新しい神経回路の形成が促進される。

コミュニケーションスキルの向上に役立つ神経科学的事実としてもうひとつ挙げられるのは、話し手がゆっくりと話せば話すほど、聞き手の理解力が深まるという点だ[24]。また、ゆっくり話すことで話し手と聞き手両者が身体的にリラックスすることも明らかになっている[25]。つまりお互いに最低限の言葉を使うだけでも、深い相互理解を築くことが可能で、かつ身体にも脳にもプラスとなる状況が生まれるのだ。その心構えをシンプルにまとめてみよう。

話をするときは、手短に、ゆっくりと、30秒以内で。

簡潔に話せば衝突も少ない

だが、この30秒という時間も場合によっては長すぎると感じることもあるだろう。特に感情が昂ぶっている場面ではなおさらだ。共同執筆者であるマークが共感コミュニケーションをミーティングで紹介した際、ロールプレイング方式のシナリオを使用したときのことを例に挙げてみよう。

ミーティングの参加者が夫婦役になり、敵対心をむき出しにしながら対立してもらうという内容で、互いに調停内容には一切妥協するつもりはないという設定だった。参加していた離婚弁護士たちはそれぞれ、調停を成立させるためにありとあらゆる手腕を披露してくれたものの、夫役も妻役も自分の意見を主張し続けたため、どの弁護士も説得するまでには至らなかった。しかもロールプレイングだったにもかかわらず、室内にはまるで実際の調停が行われているかのような緊張感が漂っていたのである。

話を30秒以内にまとめても効果が見られなかったため、ルールを変更することにした。夫婦役と弁護士役それぞれの発言を、10秒以内かつ一文だけに制限したのだ。するとそれまで膠着状態にあった調停がわずか5分後には、双方の合意に達したのである。互いのやり取りに厳しい制限を加えることで、怒りの表現が抑制されたのだ。そこが怒りという情動の奇妙な特徴だろう。個人を独善的にさせるだけでなく、神経科学的にもさらなる怒りを増長させるのだから。

話す時間を徹底的に制限したケースでは、独創的で実用的なアイデアが生まれることもあった。日常の意識内で起こる内なる自己との会話を一旦中断すると、他の認知処理能力が発揮されるのだ。この直感的な能力には内なる自己との会話とは異なる神経回路が関与しており、情報のかたまりを処理するワーキングメモリよりも素早くその場の状況を判断することができる。

言いたいことを30秒以内にとどめようとする際、私たちは言葉の選び方により慎重になるものだ。実はこのアプローチは、会話における的外れな意見や関連性のない発言は、聞き手の脳内神経回路の相互作用を阻害し、話し手が言わんとすることが理解しづらくなってしまう、という神経科学的な根拠に基づいた有効的な方法である。[26]

また会話のトピックに要領を得ない発言は、判断力や学習能力を鈍らせることがわかっている。[27]そして背後から聞こえる車などの騒音だけでも人間の学習能力を阻害することも明らかになっている。[28]ここで再びアドバイスを。大切な会話をするのであれば、互いの一言一句に集中できる静かな場所を選ぶのが賢明だ。

日常の意識を自覚する

共感コミュニケーションは、私たちが普段どのように物事を考えるかだけでなく、内なる自己との対話に注意を向けた瞬間に脳内で生じる分子的、細胞的、そして科学的な変化にも気づかせてくれるものだ[29]。つまり、自己の内省や内観に基づいて新たな意識を作り出していると言える。

また自らを自覚すると、自己について驚くべき発見をすることが多いものだ。思考はとどまることを知らないのである。脳内で進行するこの神経学的プロセスは「インナースピーチ（内言）」と呼ばれており、他者が話していることに対する注意力を散漫にさせるという実に厄介な問題をもたらすこともある。

私たちが目を覚ましている間はほぼインナースピーチに気を取られている。インナースピーチとは言ってみれば、私たちを取り囲む世界に対する「内的」経験を語る声だ[30]。カナダのトロント大学の研究者は「インナースピーチは衝動を抑える能力を向上させ、自制心を促す」と述べている。[31]その声に耳を傾けるほど、精神的苦痛が和らぐことも明らかになっている。[32]

1926年、スイスの有名心理学者で教育者でもあったジャン・ピアジェ博士は、幼児の大半が3〜5歳にかけて独り言を話し始めることに着目した。例えば、幼児がブロックを使っておもちゃの家を建てようとするとき、「これから青いブロックの上に赤いブロックを置きます」というように、自らの動作を言葉にするというものだ。そして赤いブロックを置いた後「そして全部壊れちゃう」などと言いながら、組み立てたブロックを崩すというわけだ。

ピアジェ博士はこれを「自己中心的言語」と呼び、言語が私たちの日常生活に影響を及ぼし始める過程を示すものであると提唱した。私たちはインナースピーチを用いながら意識的な決断を下しているだけでなく、他者とのコミュニケーションを円滑にするために思考をまとめ、これから発言することを頭の中でリハーサルする際にも、インナースピーチを使っているのだ。

インナースピーチは生後数年以内に形成され、生涯を通じてこの内言と付き合い続けることになる。[33]これは抽象的言語を処理する左脳から生じるようであり、他者との関係を築くという明確な役割を担っている。[34]また、自己認識力ひいては情動反応の制御にもひと役買っている。[35]

自らのインナースピーチに注意を払うと、さまざまな情動——怒り、恐れ、精神的な落ち込み、喜び、充足感など——にはそれぞれの「声」と、独自のコミュニケーションスタイルがあることに気づかされるだろう。

と聞いて、多重人格障害のようだと感じる読者もいるかもしれないが、あながち間違いではない。というのも、私たちの中にはサブパーソナリティーと呼ばれる副人格が複数存在し、それぞれの人格は性格も異なるのである。通常は、副人格のインナースピーチは互いに混じり合いおぼろげでしかないのだが、重度の外傷や深刻な精神的トラウマによって、副人格が解放され、個々が独立した言動を見せることもある。

全く自覚がなくとも、さまざまなインナースピーチが私たちの行動に対して意見している。その好例が自己批判だ。自分の中にいる一人が仕事を成し遂げたところで、もう一人の自分が「この仕事じゃ不十分だ。上司から小言を言われるぞ」と囁くことはないだろうか。また、副人格同士が議論を交わす状況も決して珍しいことではない。ショッピング中に気に入った洋服を見つけたとしよう。一人が「こんな高い服は買えない！」と声を上げれば、もう一人は「でも買ってもいいほど頑張ってるんだから！」と反論するという経験はないだろうか。

これらのインナースピーチは脳にそれぞれ異なる影響を及ぼしている。自己批判の声は誤った行動を察知する神経回路を、自己肯定の声は思いやりや共感の気持ちに関与する神経回路を活性化する。[36]

ネガティブなインナースピーチはことさら自己破滅的だ。例えば、拒食症患者のインナースピーチは辛辣で強引なケースが多い。[37]それゆえに食べたいという衝動を抑えることもできるのだが、否定的な声が続くことで自尊心がむしばまれ、結果的に生命にかかわるほどの飢餓状態にまで追い込まれることになる。しかしその声を遮る方法を覚えると、摂食行動が改善するのだ。

　ワーカホリックと呼ばれる人々にも似た行動が見られる。どんなに仕事を成し遂げても、「もっと働くんだ！　これじゃ不十分だ！　もし失敗したらどうするつもりなんだ？」という完璧主義のインナースピーチが仕事の手を休ませてはくれないからだ。そのままでは心臓にも脳にも悪影響を及ぼしてしまう。

　仕事をしなければならないという強迫観念に囚われた人がこのような典型的行動を止めるためには、物質的ではなく、友情や心から楽しめる趣味など、精神的な目標や歓びを重んじる新しいインナースピーチをはぐくまなければならない。

　何かを先延ばしにしようとする忌避行動もネガティブなインナースピーチが原因だ。「もし失敗したらどうする？　成功できるほどの知識も経験もないのに。まあいっか、明日にすればいいや」という声をいかにして遮ればいいのだろう。

　そのためにはネガティブな言葉を自信と自尊心が鼓舞されるような言葉に置き換え、その言葉を何度も自分に言い聞かせることだ。[38] 自身のインナースピーチを変えることで、行動の変化にもつながり、ひいては脳のはたらきも向上する。インナースピーチをコントロールすることは、自分自身のみならず他者の信頼と尊敬を得るための第一歩となるのだ。

インナースピーチを観察する

インナースピーチを変え、より快適な生活や人生を送ることは誰にでも可能だ。しかしそのためにはまず「インナーイヤー（自己に内在する耳）」を使う術を体得しなければならない。インナーイヤーに関与する脳領域は、インナースピーチを制御するそれとは異なるものである。[39] ここで、肯定的なインナースピーチと否定的なインナースピーチとを聞き分ける方法を試してみよう。

まずは鉛筆と紙を手元に用意し、腰を下ろせる静かな環境を探してほしい。何度か深呼吸をしたらあくびをし、20～30秒間身体全体を使って大きく伸びをする。身体と心がリラックスしていればいるほど、インナースピーチの声が耳に入りやすくなる。

次に椅子に深く腰掛けたらしばらく沈黙してみよう。なるべく何も考えずに。すぐに何かのイメージや言葉が頭に浮かぶだろう。でもそれを打ち消して、もう一度深呼吸してみよう。そして目を閉じて、できるだけ長い間沈黙を守ってみる。

ほとんどの人は、意識の中に思考の断片が浮かんでは消えていくことにすぐ気づくだろう。その思考の断片に気づいたら、そこに付随する気持ちや身体の感覚を先ほど用意した紙に書き出してみよう。そして空に流れる雲を見送るように、思考が浮かんでは消えていくのをただ見守る。そうすることで、意識内に絶えず起きている変化に対して中庸の精神を保っていられるのだ。

頭に浮かんだ考えを書き終えたら、深呼吸し、リラックスした状態で次に何が起こるかに意識を向ける。次の思考を観察したら、書き出し、再び消えていくのをありのままに受け止める。沈黙する時間が短くなることもあれば長くなることもあり、気が変になってしまいそうな感覚に陥るかもしれない。なぜなら前述したとおり、脳は変化を嫌うからだ。それにインナースピーチも無視されることを嫌うのである。

しかし椅子に腰掛けたまま、次々と浮かび上がるインナースピーチに判断を加えることなく、ひたすら冷静に観察することで、心理学的に有効な方法を体得しているのだ。このエクササイズはストレス、不安、神経過敏、うつ状態を軽減させる早道のひとつなのである。[40]

自分や他者の深層にある意識を理解する方法を身につければ、コミュニケーション力や共感力を妨げる否定的かつ感情的な状況に囚われる可能性も低くなるはずだ。

インナースピーチの二面性

とはいえインナースピーチは必ずしも悪しき存在とは限らない。強い情動反応のコントロールだけでなく、不適切な行動を改める能力を与えてくれるのだ。[41] 不安、心配、極度のストレスに襲われている場合、ポジティブなインナースピーチは心を落ち着かせてくれる。[42] またスポーツ選手が自身に肯定的な言葉を語りかけることで、パフォーマンスが向上することも明らかになっている。[43] いわば応援してくれるコーチが内在しているようなものだが、その声を育てながら、ネガティブなアドバイスの芽を摘む術を身につけなければならない。

例えば、会社主催の野球大会でバッターボックスに立っている自分を想像してほしい。ポジティブなインナースピーチは、「自分ならできる！」とごくシンプルな応援、もしくはピッチャーにフェイントをかけろ、と多少複雑なアドバイスを送ってくるかもしれない。それでも結果は三振に終わったとしよう。そんな場合、ヒットを打てなかったのは自分のせいだ、と別のインナースピーチが囁く傾向がある。だがそんな言葉には耳を貸さずに、次の打順では挽回できるという前向きなインナースピーチにすり替えるのだ。

インナースピーチが否定的になると――そしてこれは世界的に活躍している人々にすら起こることなのだが[44]――次第にさまざまな問題が発生することになる。摂食障害、物事に対する消極的な態度、不眠症、広場恐怖症、ギャンブル依存症、性機能障害、自尊心の低下、そしてうつ病などを引き起こすことにもなりかねない。まるで自滅するかのように仕事を辞職する可能性もあれば、家族を見下すような行動を起こすきっかけにもなり得る。

その一方で、ポジティブなインナースピーチは、注意力、自主性、自信、作業能率を向上させることが分かっている。[45] 自身にとって現実味のあるポジティブな言葉の繰り返しであれば、選ぶ言葉はさほど重要ではない。今後の計画や目標につながる言葉を自ら紡ぎ出すのだ。

例えば、一億円が欲しいとただ願っているだけでは一銭も手にすることはできないが、ポジティブなインナースピーチを使って堅実な資金計画を立てれば、成功を手にするチャンスは格段に増えるだろう。

米カリフォルニア大学サンフランシスコ校で教鞭を執り、医療界では医師や患者間のコミュニケーション・コーチとして著名なサラ・ホワイト博士は、ネガティブなインナースピーチをポジティブに変える方法を次のように複数のステップに分けて提唱している。このステップを実践することで、職場での能率や充足感が向上するだけでなく仕事上での成功にもつながる。[46]

ネガティブなインナースピーチをポジティブに変える方法

- 自分のインナースピーチを観察し、「思考の記録」として形に残す
- 批判的なインナースピーチと対峙し、自分の限界を決めつける言葉を書き換える
- ネガティブな思考をポジティブなインナースピーチに置き換える
- 障害にぶつかるたび、そこで与えられた挑戦やチャンスを追求する
- 失敗したことではなく、成功したことに目を向ける
- 新しく体得したインナースピーチの見直し、強化、実践を続ける

インナースピーチは多くの重要な目的を果してくれるが、障害にもなり得る。他者と会話する際に、相手の話に全神経を集中させることを妨げるからだ。相手の言葉に耳を傾ける代わりに、私たちは次に自分が言おうとしていることを、無意識ながらに頭の中でリハーサルしていることが多い。そのように注意力が散漫になると、記憶力、認知力、そして社会に対する意識をつかさどる脳の処理機能が阻害されるのだ[47]。

私たちはインナースピーチによって今この瞬間に起きている出来事から遠ざかってしまう。困難な問題の解決策として不可欠な存在にもなり得るが、気を取られて、他者の話に心から耳を傾けることができなくなる可能性もあるのだ。

インナースピーチを自覚すると、ひらめきを発揮できる

インナースピーチを自覚すると、驚くべき発見がもたらされることもある。耳を傾けるうちに、新しい声――直感力の声――が時折聞こえてくることに気づくかもしれない。自分の内面にある静けさから始まり、意識の中に突然パッとひらめくものがあり、その瞬間に物事の一端を垣間見るかもしれない。

このような直感のひらめきは言葉では説明しにくいものだが、真実だと「感じる」のは確かだ。

直感のひらめきは長年『ユリーカ（私は「見つけた」を意味するギリシャ語）』や「アハ体験」などと呼ばれてきたが、右脳がつかさどる言語処理力が主体となっている理解体験である。[48]また他者への思いやりの感情を制御する島皮質と前帯状皮質が刺激され、[49]神経細胞にガンマ波が発生する。[50]そしてそれまで認知していた物事が脳内で再構築され、目の前に広がる世界が突如一変して見えるのだ。[51]

その感覚はほんの1秒で過ぎ去るかもしれないし、生涯を通じて残り続けるかもしれない。しかしそのひらめき体験に関する事例報告はどれも驚くほど同じだ。新しい意識が生まれ、それまで以上の能力を効率よく発揮できるようになり、個人的な満足感と心の平穏が訪れるのである。

脳に沈黙は訪れるのか

ここまではインナースピーチや内在する思考、それらが意識や脳に与える影響に焦点を当ててきた。それでは沈黙はどのような影響をもたらすのだろうか。神経学的に何らかの価値はあるのだろうか。答えは「イエス」だ。

実際、発言の合間に数秒の間《ま》を入れなければ、聞き手側の理解力が低下することが明らかになっている。[52] 聞き慣れない言葉や専門用語を使った場合も同様であり、聞き手の脳がそれらの言葉を処理するには普段以上の時間を要する。つまり、話を手短にしながら、次の言葉を発する前に数秒の間を入れることが必要となるのだ。

卓越した教師、セラピスト、俳優、講演者などは、間を取ることの重要性を理解しており、日頃から意識的に活用している。企業の営業担当者やCEOも同様だ。なぜならそのような沈黙によって人々の間に深いつながりが生まれるのである。

また、他者の望みやニーズを真に理解する唯一の手段として、相手に発言の余地を与えることの大切さも熟知している。相手の話に傾聴するためには、無言の時間が自ずと必要となる。よって絶えず浮かんでくるインナースピーチと一定の距離を保つ方法を頭に叩き込まなければならない。

それでは私たちの内面に本当に沈黙は訪れるのだろうか。わずかな時間であればそれも可能だ。しかし防音設備の整った室内ですら、脳内にある聴覚野は活性化し、言葉を介した「メッセージ」を反射的に耳にする。[53] つまり脳は沈黙に不慣れなのである。なぜなら進化論的な観点から言えば、沈黙はともすれば危険を意味するものだからだ。森の中で鳥のさえずりや動物たちの立てる物音が一瞬止まった場合は、外敵が近くに迫っていることを意味している。

ゆっくりと話しかけることの効用

それではここでちょっとした実験を試してみよう。最初は強い違和感があるかもしれないが、自分の思考がどれほど忙しない状況下で言葉を選び出しているのかを実感する機会だと思っていただきたい。一人でも可能だが、パートナーがいれば、さらに興味深い体験となるだろう。方法は単純明快だ。何らかの文章を一文、声にするだけでいい。しかし、それぞれの単語の間に1秒ずつ間を入れてほしいのだ。それから次の一文を声にするのだが、今度は単語同士の間を2秒に伸ばしてほしい。そして新しい文章を増やすたびに間を3、4秒と増やしながら、インナースピーチがどんなリアクションをしているかに意識を向けてみよう。動揺しながら騒がしい声を上げているのではないだろうか。

興味深いことに、この実験をワークショップで試すと、話し手側の不安感が高まるのだが、聞き手は穏やかな気持ちになりやすいのである。この実験の趣旨を理解してもらうために、単語の間に4～5秒の間を入れながら次の文章を音読してほしい。

この　文章を　ゆっくりと　声に　出しながら
単語の　間で　自分が　どんな　体験を　しているのか
感じて　みよう

それでは今度は単語同士の間をさらに伸ばして、もう一度同じ文章を音読してみよう。音節の多い単語を発音するときには、先ほどよりもさらに時間をかけて読んでみよう。母音と子音の響きに注意しながら、ゆっくりと発音して。文章の意味を理解しようとせずに、ゆっくり話すという体験だけに意識を集中してみよう。

この実験を試すと大半の人は、さまざまなインナースピーチを耳にすることになる。「バカバカしい」「変な感じだ」「こんな話し方なんて下らない」など、インナースピーチの口調がスローダウンすることもあるが、大抵の場合は徐々にスピードアップしてくるはずだ。言葉にすべきだと思っていることすべてを発言するためには是が非でも早く話さなくてはならない、と思考が訴えているような気がしないだろうか。

私たちは長い時間をかけながら早口で話しがちだ。相手の理解を得るには、伝えたいメッセージの詳細をすべて説明しなければならないという不安を常に抱えているためだ。しかし、短期記憶のルールを思い出してみよう。聞き手は話し手の言葉のほんの一部分しか記憶していないのである。

時間をかけてゆっくり話すようになると、間を置きながら次の言葉を慎重に選ぶようになる。本当に伝えようとしている内容を考えながら、言葉にすることができるのだ。数分もすれば、自分が普段使っている言葉の量が半減しても、コミュニケーションに十分な情報を伝えられていることに気づくのではないだろうか。

この実験をパートナーと試すときには、一文ずつ交代で発言してみよう。最低10分間はゆっくりとしたペースを保ってほしい。ゆったりとした相手の声が思いのほか耳に心地よいことに気づくだろうし、相手の言葉を正確に、かつ深く理解していると実感できるだろう。目から鱗の体験となるはずなので、ぜひ友達や家族、そして会社の同僚たちと試していただきたい。


ここで数年前にマークと彼の妻スーザンが同じ実験をした際に起きたことを例に挙げてみよう。まずは、あまりにゆっくり過ぎる会話のスピードにお互いが慣れることで最初の数分間が経過したという。そしてマークはゆっくりとスーザンに問いかけた。

「この、話し方、君は、どう、思う?」

「私は、好き」とスーザンはゆっくりと答えた。それから5秒間待って、マークは、

「どうして?」と尋ねた。

「緊張、せずに、済むから」

「でも、僕の、声には、感情が、こもって、ないだろう」

「そうね、感情的に、なっている、あなたは、怒っている、ように、見える」

その言葉を聞いたマークは長い沈黙の後、こう言った。

「今、僕の、頭の、中で、いろんな、思いが、駆け、巡ってる」そして再び長い沈黙の後、

「感情を、込めなければ、講演者としての、僕の、キャリアが、終わって、しまう」

その言葉にスーザンは黙ったままだった。マークが自身のインナースピーチに耳を傾けると、スーザンに今伝えるべき言葉が次第に色味を帯びてきた。そして自らの直感を信じながらこう口にした。

「君は、僕に、本当に、これくらい、ゆっくりと、話して、ほしい？」

「イエス！」スーザンは間髪を入れずに答えた。

「どうして？」

「わからない、自分でも、今、はじめて、それに、気づいたから。あなたの、いつもの、話し方だと、声に、込もった、感情の、強さに、圧倒、されて、不安に、なるの」

マークはスーザンの言葉についてしばし考えた。自分の話すスピードがスーザンとの間に距離を生む原因になっているのだとしたら、ゆっくりと話すのもいいかもしれない。続けてマークはスーザンにこう尋ねた。

「この、話し方を、いつまで、続けて、ほしい？」

「クリスマス！」

「5カ月も!?」マークは、間を置くことも忘れて思わず叫んだ。

「そう、5、カ月」スーザンは笑顔を見せながらそう言った。

マークの頭の中ではさまざまな思いが駆け巡っていた。「クリスマスまで？　5カ月間も？

無理に決まってる！　いや、でも自分の妻を不安にさせてるって？　まいったな。そんなことは今までひと言も言わなかったじゃないか。これはスーザンの問題なのか？　それとも僕自身の問題か？」それからしばらくさまざまな考えが脳裏をよぎったが、思考は次第に落ち着きを取り戻し、インナースピーチはぱたりと止んだ。

その後も「ゆっくりと話すこと」にしたマークとスーザンだったがほどなくしてそれまでの二人の関係において最大の転機が訪れた。約10年前に起きた忌まわしい出来事について4時間ずっと語り合ったそうだ。当時はお互いに満足のいく話ができなかったのだという。それから2週間に亘り、二人は問題をひとつひとつ解決していった。そして今では、デリケートな話題に関しては、ゆっくりと話すことでお互いが納得しているという。

コミュニケーションにおいて感情は重要な役割を担っている。しかし、大袈裟な感情表現は、聞き手側を身構えさせてしまうことにもつながる。私たちは普段、自らの感情的な言葉が相手に与える影響をさほど自覚していない。

マークとスーザンの例は、常に相手の反応を鑑みるべきだと思い出させてくれるヒントになってくれるだろう。会話の相手に、互いのコミュニケーションを円滑にするために、自分は何をすべきなのかを尋ねてみよう。また、会話やコミュニケーションのスタイルは十人十色であり、何が心地よく感じられるかも人それぞれであることを忘れてはならない。たとえ相手が同じであっても、すべての会話はその場だけの特別な経験なのだ。

加えて、過去の人間関係で心に傷を負った人と話をする際には、その相手すら自覚していない地雷を踏まないように、時間をかけて丁寧に会話を紡ぐ必要もあるだろう。

ゆっくりと話すことで、私たちは本当に伝えたいメッセージを伝えるために、最適な言葉を選ぶことができる。万が一、相手の地雷を踏んでしまったとしても、温かい口調でゆっくりと話すことで、言葉やボディランゲージが相手の心をリラックスさせてくれるだろう。たったひとつのネガティブな表現でも、信頼や共感の気持ちを損なわせてしまうこともある。しかし、互いへの思いやりを見せることで、再び信頼と共感を取り戻すことだって可能なのだ。

静けさをはぐくもう

自らの思考や感情を意識的に静観する術を覚えると、それまでには知り得なかった新しい静けさが訪れる。その静けさの中で、自分自身を見つめている自覚が生まれるのだ。しかし自分を見つめている自分とは一体何者なのだろうか。その何者かを「自己」と呼ぶとするなら、私たちが普段抱いている「自分」という概念とは一線を画すものだ。その存在は落ち着いていて、穏やかで、沈黙を守っている。ただ自分を見つめているだけで、反応は示さない。そして大抵の人は、その自己が発する言葉を「内なる知恵」として体験する。
この独特の意識状態から生まれる静けさの中で、私たちは将来について予測を立て、仕事や人生に関してより良い決断を下すことができる。[54]
意識には自身を観察する自己の存在が必要なのだが、大半の人はその観察している自己の存在にまるで気づいていない。その代わり、自分が思い描くうわべだけの自己イメージにばかり注目してしまう。その自己イメージは、憧れや怖れの対象を投影した空想や結論に彩られており、どれも的外れなものばかりだ。しかし、自身を観察する自己の視点から作り上げた自己イメージを目の当たりにすると、それが必ずしも事実とは限らず、長年に亘って自分や他者から受け入れてきた単なる意見や評価に過ぎないのだと気づかされる。
意識に関する最新の研究は、自身を観察する自己は現実をより正確に把握することができると示している。普段意識する自分のように現実によって取り乱すこともなく、またこの深層意識を省みればみるほど、不安や落胆が軽減されるのだ。[55]
私たちは、自分という存在を意識的に観察する能力を生まれながらに備えているわけではないが、本書で紹介する方法を実践することで、そのスキルを高めることは可能だ。自身を観察する自己は、さらなる幸福を「予測する」ことすらできるのだ。[56] また、精神的ストレスを和らげ、[57]他者のニーズを理解するための社会意識を高めてくれる。[58] だからこそ、内観は共感コミュニケーションにおいて欠かせない要素なのである。

私たちは思っているほど多弁になる必要などないのだ。意識の中に流れ込んでくる溢れんばかりの情報を一元化してまとめる手段として、インナースピーチの言葉を反復しているに過ぎないのである。内なる思考の流れから一歩下がって、より広い視野でそれらを眺めれば、心の耳を通して入ってくる言葉の大半は、他者と共有するに足らない内容だと気づくはずだ。

他者と実りのある会話を楽しみたいのであれば、会話の中で互いの直感をはたらかせるために、会話のスピードを落とす必要がある。その研ぎ澄まされた意識下で、言葉を慎重かつ賢明に選ぶことができるのだ。

ユダヤ教ハシド派の聡明なラビが昔こう言っていたのを思い出す。「言葉にする前に自分自身に尋ねてみなさい。今から言おうとしていることは、言わないことよりも良い結果をもたらすのだろうか？　と」

column

思考はいかにして現実になるのか

脳の中心部には、視床というクルミのような形をした器官があり、外部からの感覚情報を脳内の他領域に伝達する役割を担っている。また何かを想像するときにも、その情報が視床に伝達される。私の研究結果から、視床は思考や空想を、聴覚、嗅覚、味覚、視覚、触覚と同じ方法で処理することが明らかになっている。また視床は自己内と外界との現実を区別することができないため、私たちが安全だと思っていれば脳も安全だと見なし、恐怖心や自己不信を募らせると脳も外界での危険が現実だと思い込んでしまう。言語に基づいた思考から意識が生まれ、その意識が私たちが認識する現実の世界を形作っているのだ。言葉は賢く選びたいものである。

Chapter

5——心がつながる仕組み

協調の言語

もし私たちが、他者との交流を回避する完全に自己中心的な生き物であれば、コミュニケーションを図る必要など皆無に等しい。個人は好きなときに好きなことを行う生活を送るようになるだろう。しかし、地球上の生物すべてがそのような行動を取るようになれば、乏しい共通資源——水、食物、生命力のある異性など——をめぐる争いは急速に激化し、暴力や武力衝突へとエスカレートしてしまう。自然界全体では、生物間の相互作用として、数千を超える「生き残り戦略」が生物学者によって確認されている。その戦略は言い換えれば、「協調的なコミュニケーション」となるだろう。

私たちが生き抜くためには資源を、個々の取り分、共有する分、そして自活力のない者たちに与える分として分かち合いながら、それぞれのバランスを保っていかねばならない。しかしそのような状況において人間は利己的になり強欲をむき出しにするのであろうか。それとも寛容になり周囲との協調性を保つのであろうか。

本書の執筆準備に着手した頃、私は、人間とは根本的に利己的な生物であると考えるきらいがあった。実際、イギリスの動物行動学者／進化生物学者リチャード・ドーキンス博士の名著『利己的な遺伝子』（原題 *The Selfish Gene*）をもじった『利己的な脳』（*The Selfish Brain*）と当初の仮題につけたほどだ。

人間の利己性についてはこれまで数多くの根拠が立証されているが、長年の研究から、事実はその正反対であるという結論に達している。私たちが完全に利己的となるのを許されるのは、乳児期のみなのだ。新生児の脳は至極未発達な状態であり、生き残るためのありとあらゆるニーズを満たすため、世話をしてくれる両親や周りの人間に依存する必要がある。

しかし新生児の利己性もそう長くは続かない。成長してある程度自分の面倒をみられるようになると、家族の一員として報いなければならない。兄弟や友達と仲良く一緒におもちゃを共有することを覚え、両親の手伝いをし、学校に入学すれば自己中心的な衝動を抑える術を学ばなければならない。さもなければお仕置きを受けることになる。自分の部屋に行きなさいと怒られたり、教室の隅に立たされたりし、社会とのつながりを奪われてしまう。その苦痛から学ぶのは、社会生活では身勝手な態度は決して許されるものではない、という事実だ。

しかしその後にも葛藤は残る。大切にしているものを他者と共有しなければならないという状況では数多くの疑問が生じてくる。

例えばどれほどの量をどれほどの期間を通じて分かち合わなければならないのか。そして次に生じるのは、公正さや寛容さの度合に関する新たな疑問だ。しかしその疑問を晴らしてくれる答えは存在しない。状況はその時々によってさまざまであり、関わってくる人間や価値観も異なる。

そこで言葉を頼りに相互の合意を求めて交渉しなければならない。双方が満足する解決策が見つからなければ、相手からの協力を得ることはできないだろう。キャリアでもそうだ。労働力や実力という見返りがなければ、仕事や給料がもらえるはずもない。

「身勝手さ」は言葉を必要としない。つまり利己的になる際には金銭や言葉を交わす必要はないのだ。相手の了解を得ずに自分が欲しいものを手に入れるまでである。しかし互いに公正を期すためには協調性を欠くことはできない。そして協調性は、対話、取引、妥協、行動様式の変化に大きく左右される。今ここに挙げたのは、「神経経済学」と「社会神経科学」という新たな学際的学問における基本要素だ。

脳スキャンを用いて、さまざまな情報のやり取りを瞬時に行っている状態にある動物や人間を対象に、その脳内活動を調査したところ、人間性に関する根本的な事実が明らかとなった。

人間は社会生活において、有用となる人々にはその対価として優しさや寛容さを持って接し、無用となる人々には、結果的に何らかの害を被るとしても、その相手に罰を与えるのだ。[1] また、公正さ、協調性、優しさを示す人物と長期的な友好関係を進んで築こうとする傾向が高い。[2]

あらゆる生物がコミュニケーションをとっている

地球上の全生物の中で、協調性に長けたコミュニケーションを図るのは、人間だけとは限らない。米カリフォルニア大学リバーサイド校の生物学者ジョエル・サックス博士は、協調性は「あらゆるレベルの生物学的な集団に浸透している」と述べている。[3] 下級生物のバクテリアでさえ、化学物質を介した独自のコミュニケーション形式で、驚くべき社会的行動を示すのだ。[4]

実際に植物のコミュニケーションスタイルは、人間のそれと酷似している。その一例としてポプラとトマトとライマメは、外気や地中に張った根を通じて互いにコミュニケーションを図っているのみならず、他の植物種、動物、微生物とも情報伝達をすることができるのだ。

植物同士も人間と同様に協力し合い、外敵から身を守るため、コミュニケーションを行っている。例えば、とある植物は昆虫に捕食されると、食虫性動物をおびき寄せるためのシグナルを発信し助けを求める。[5] また植物の中には何らかの聴覚を持つ種すら存在するようだ。[6] 植物同士は言葉こそ使わないが、人間の脳内にあるコミュニケーション網によく似たシグナル伝達受容体とシグナル伝達経路を備えている。[7]

さらに植物は独自のインナースピーチを持っている。例えば、ある植物は維管束網を介して、その植物の他の部位にホルモン信号を送るのだ。[8]

生物学者はこのプロセスを「イントラプラント・コミュニケーション（植物内コミュニケーション）」と呼んでいるが、植物だけでなく人間の世界においても、コミュニケーションは非言語レベルで発生するものだと再認識させられる好例だろう。イギリスの科学者ジェームズ・ラヴロック博士は、著書『地球生命圏　ガイアの科学』（原題 *Gaia*）で、地球全体は独自のコミュニケーションシステムを持った統合的かつ共生的なひとつの生命体である、と提唱しているほどだ。しかし植物や地球上のその他生物の大半とは異なり、私たち人間は、他者へのメッセージの「伝え方」を変えることで、協調性の度合を意識的に高めることができるのだ。

コミュニケーションの成否はニューラル・レゾナンスにかかっている

コミュニケーションとは詰まるところ、ひとつの脳からもうひとつの脳への正確な情報伝達であり、ニューラル・レゾナンス（神経の共鳴）というプロセスを介して行われる。つまり他者の脳内の神経活動に共鳴すればするほど、相手とのより良い協力体制の構築が可能となる。他者の顔の表情、身振り、声の抑揚をじっくり観察することにより、その脳に同調し、相手の思考、感情、信念についてさらによく知ることができるのだ。

その事実は、オランダのソーシャル・ブレイン・ラボラトリーの研究員らが行ったカップルを対象にしたジェスチャーゲームの実験結果によって証明されている。

この実験では、まずカップルの一人にある単語を見せた後、手のジェスチャーを使ってその単語を表現するよう指示を出し、ｆＭＲＩスキャナーで脳内活動の変化を画像化した。次にカップルのもう片方に、先ほどのジェスチャーを撮影したビデオを見せ、単語を解答するように指示を出し、同様にｆＭＲＩスキャナーで脳内活動を調べた。

さてどんな結果を想像されるだろうか。答えが正解だったカップルでは、送り手と受け手両者の同脳領域、特に言語認知と発話をつかさどる領域が活性化していたのである。[9]

この結果から重要なポイントがいくつか挙げられるだろう。言葉は特定のジェスチャーを介して伝達可能であり、また言葉とジェスチャーは脳内の同じ領域——言語理解に関与する領域——を活性化するのだ。

そして最も重要な点としてこの研究結果は、我々が述べてきたニューラル・レゾナンスの有効性を再確認してくれるものだ。つまり他者のメッセージを真に理解したければ、相手を深く十分に観察しながら、その話を傾聴することが肝心だ。さもなければお互いの脳が共鳴することもないだろう。他者の思考や感情を通じて自身の脳を活性化することにより、相手と協力し合うことができるのだ。

より良い協力関係を築くには、お互いの信念体系《ビリーフ・システム》［正しいと信じる自分の考え方やものの見方（信念）の集合体］を確認しておくのもひとつの手だろう。互いの信念体系が異なるようであれば、まずは当事者間で対話を図りながら、できるだけ釣り合いの取れる共有の目標を設定した上で、共通点を見出すことが先決だ。

もし共通点が見出せなければ、コミュニケーションは決裂し、協力し合いたいという望みもそこで絶たれてしまう。スイスのジュネーヴ大学の研究員が示唆しているように、個人的な目標が一致していれば、他者との協調性をつかさどる脳機能が活性化するのだ[10]。

二人の人間が会話する中でニューラル・レゾナンスを生じさせることを目的とするのが、共感コミュニケーションの手法だ。相手に対し公正であろうとする「意図」を持って会話をスタートさせれば、協調性をつかさどる神経回路の活性化につながる。

最新の研究結果では、相手のコミュニケーションスタイルを真似ることで、お互いのニューラル・レゾナンスの度合が向上し、相手に対する共感力、協調性、信頼感がより深まることが明らかになっている[11]。

また他の研究は、協力的で思いやりのある精神状態はまるでウイルスのように、家庭、職場、その他コミュニティを含めた周囲の人々に伝染する、と示唆している[12]。言ってみれば、私たちは言葉を介さずとも他者に対する思いやりの心を周囲に広めることで、他者と互いの価値観や目的を調和させることができるのだ。

もちろん強制的に協力を求めることも可能ではあるが、そのリスクは高い。相手が一度怒りで我を忘れてしまえば、無理強いされ続けるくらいなら大きな犠牲を払ったほうがマシだ、という結論に至ってしまう可能性もある。そして今日、数多くのそのような出来事が世界中で起こり続けている。

これまで抑圧されていた社会は、不条理なわがままや私利私欲で傲慢に振る舞ってきた人々に対して、平等、公正、正義を求め始めた。これはつまり、抑圧していた者との間で、神経的および認知的な不協和が高まり、これ以上相手の思う壺ではいられないと感じるほどまでに追い込まれた状況である。[13]また、個人的な価値観や目標にわずかな相違が見られただけでも、脳は混乱状態に陥り、ひいては円滑なコミュニケーションを妨害することになってしまう。[14]

効果的なコミュニケーションはニューラル・レゾナンスの有無次第である。米プリンストン大学がｆＭＲＩを用いて行った研究によれば、試験開始当初、意思の疎通が取れていた被験者同士の脳内神経回路は連動していたが、互いに意思の疎通が取れなくなったと同時にその連動が絶たれた。

実際のところ、被験者の一人の脳がもう片方の被験者の脳に共鳴する度合を観察するだけで、両者間のコミュニケーションレベルを予測することができたという。[15]またこの研究では、聞き上手な人――相手の話にしっかりと注意を払っていた人――は、相手が次に何を話そうとしているのかを、相手が実際に声に出す直前に予測できたことも明らかになっている。

お互いの声をミラーリングする

会話している相手が使う言葉の表現や声の強弱にこちらの動作を合わせると、反りの合う親密な相手だと受け取られやすくなる。[16] 米ハワイ大学の研究によれば、「パートナーとの関係をスムーズに進めたいのであれば、お互いが発言する際の周期的なリズムを同調させる必要がある」そうだ。

つまり恋人を探しているなら、相手の話し方に同調すれば、当然のことながら素敵なお相手に巡り会える可能性が高くなるということだ。お見合いパーティーを対象にした実験では、4分ごとに相手を交代するという指示が被験者に告げられたのだが、言葉遣いや表現が一致していたペアがパーティー終了時までにカップル成立となる可能性は、話し方のスタイルが一致していなかったペアと比較して3倍も高かった。[17]

互いに好意を抱いている二人の人間はミラーリングといって、まるで鏡に映したように、相手の態度、顔の表情、身体の動きに自分の動作を合わせるものだ。[18] これはその二人が親密な関係を築いていることの現れで、[19] 相互の信頼関係を築くものとなり、[20] また、互いに認め合い助け合いたいという欲求を相手に伝えるものである。ともすればこれは収入アップにつながるかもしれない。

ある調査では、レストランでウェイトレスが客の言葉遣いを真似したところ、受け取ったチップの増額率が50％にまで達した。[21] また他の研究結果は、深刻な対立や生命に関わる怖れがある場合でも、言葉の選び方や使い方が合致していると、平和的な解決策につながる可能性が高まる、と示している。[22]

他者とつながるための脳トレ

他者に共鳴し共感する力を高めるには、まず想像力を働かせてみることだ。相手の話から伝わる詳細にできるだけ想像を交えながら、実際にその人と同じ立場にいる自分の姿を心に描いてみよう。米シカゴ大学の研究者らによれば、そのような心的シミュレーションを行うことで、想像した内容の正確さ不正確さにかかわらず、脳は相手をより一層理解することができる。[23]

それは小説や映画でも同様だ。読者や観客である私たちは、ストーリーや登場人物に自らを投影させればさせるほど役柄に対する思い入れを深め、悪役に対しては恐れや嫌悪感を抱く。[24]

米南カリフォルニア大学の神経学者／心理学者アントニオ・ダマシオ博士とその研究チームが

主張しているように、個人が積極的に「他者の視点に立ち、まるで自らのことのように相手の経験や感情を想像すると、（その個人の脳内で）真の共感を制御する神経メカニズム」が作動する。[25]

それでは誰に対しても思いやりを持つことは果たして可能なのだろうか。答えは「イエス」なのだが、どうやら脳内には、嫌悪感や軽蔑心を抱いている相手には共感しないという神経学的メカニズムが存在するようだ。

一部の研究者らに「反ミラーニューロン」と呼ばれている神経細胞が活性化すると、他者の真似をしようとする脳のはたらきが不活性化するのである。[26]つまり自身の倫理や信条に反する行動をとる人間と交流する際に、その人間と同じ行動をとることを必然的に避けるため、共感力をコントロールする神経回路が活動を停止するというわけだ。

また、他者により強い共感を覚えるほど、相手が協力的な行動を示すことを的確に推測できると示唆する証拠すらあがっている。[27]しかし共感力には限界があるのも事実だ。

例えば、相手の発言や感情の機微を読み違えたとしても、神経回路はその誤りを認識する処理能力を持ち合わせていない。[28]だから実際は理解していないにもかかわらず、相手の言葉や考えを把握していると安易に思い込んでしまう。

ここで私からアドバイスがある。相手の感情や思考を頭から決めてかからないようにしよう。

私アンディは結婚式の当日、式に参列したユダヤ教のラビに何度もこう告げられた。「自分は相手の考えを理解しているはずだ、で済まさずに、相手にしっかりと尋ねて確認しなさい」

思い込みを回避する最善策は、相手に質問を投げかけることだろう。例えば、「ジョン、あなたが今言ったのは、〇〇ってことでいいのかな？　それで合ってる？」というひと言を添えればいい。もし相手が首を横に振ったとしても、真意を確実に伝える機会をもう一度与えてくれたことに感謝してくれるだろう。

怒りは百害あって一利なし

それでは他者に協調性が見られない場合、私たちはどのように対処するのだろうか。そして、相手が不正をはたらいた上にこちらの寛容さにつけ入ってきた際、脳はどんな反応を示すのだろうか。人間は「利他的な罰」をもって相手に罰を与えるのだが、これは科学的に立証されている生物学的プロセスだ。実際のところ、他者が社会のルールを破ったり、社会的に無責任だと思われる行動を取ったりすると、人間の脳はその報いとして罰則を与えようとするメカニズムになっている[29]。

だが厄介な問題がひとつある。規則を破る人間が罰則に甘んじるはずもなく、また他者の信頼を裏切ったことすら自覚していないケースが多いのだ。非難を浴びせれば憤慨するだろうし、協力関係を築く可能性はさらに薄れ、挙げ句の果てには相手から報復を受けるリスクまでも負うことになる。[30]しかし何も言わなければ不正行為は増長するばかりだ。事実、声に軽蔑や皮肉がやんわりとこもっているだけで、相手は敵意を向けられていると誤解してしまう。その結果として相互関係は不安定となり互いに不満が生じる。[31]

対人関係においては、相手に罰——怒り、批判、非難など——を与えても百害あって一利なしだと覚えておこう。だが人間の脳はどうやら一度味わった失望感を忘れられないようなのだ。

それがたとえ非現実的な望みで叶わないことが当然であったとしても、望んだものが手に入らなかったという失望感により、怒りをつかさどる感情中枢が活性化するのである。また、望みが実現する一歩手前で物事が保留となり、待ち望んでいた利益が持ち越しになった場合においても、怒りの感情中枢が刺激される。例えば、緊急時に車を飛ばしているのに、前方の車がノロノロ運転をしていれば、自分勝手な欲求をくじかれひどく苛立ってしまうはずだ。

そのような悪循環を絶つには、自分自身や自分の置かれた状況、そしてそこに関わる全ての人々に対するいたわりを持って、現状に対するネガティビティ（否定的な感情と消極的な姿勢）を取り除くことだ。

米ハーバード大学の進化動態研究チームによれば、懲罰を最終手段だと見なす人間は他者からの協力が得やすく、また金銭面でも恩恵を受けやすい。この研究者らの見解は極めて単刀直入だ。「人を懲らしめようとしないのが勝ち組、人を懲らしめた挙げ句に自滅するのが負け組」[32]

米コーネル大学の神経生物学・行動学部において実施された研究結果によれば、他者に寛大な人ほど家庭や職場で安定した協力体制を築く機会に恵まれるのだという[33]。寛大な態度はこちらに敵意がないという明確なメッセージを他者の脳に伝達してくれるのだ。互いの意見が食い違ったとしても、こちらが寛大な態度を保つことで、相手が猛反発を見せる可能性は低くなり、協調性のある対話を再スタートさせる道が開かれる。

言ってみれば、意地悪な人にも親切を心がければ、相手の心は和み、怒りに駆られていた脳も落ち着きを取り戻すのである。だからこの次に車を運転する際に、万が一、後続車のドライバーがクラクションを鳴らしながら煽ってきたら、率先して道を譲ってあげよう。追い越しやすいように車を路肩に停めれば、相手を尊重する気持ちが多少なりとも伝わるはずだ。いつかそのドライバーが誰かに恩返しをしてくれるかもしれない。

職場で対立が起きている場合もそうだ。意地の悪い上司に格別のいたわりを持って接すれば、仕事も安泰になり経済的に安定した生活を送ることができるだろう。相手を思いやる気持ちは協調性を生み、協調性はより良い脳をはぐくんでくれるのである。

Chapter

6

関係を築く

信頼の言語

コミュニケーションを担う主要中枢である脳には、約850億個もの神経細胞とその約10倍以上ものグリア細胞が存在する。またそのひとつひとつは独自の「意識」を持ち、互いとの結合や分離を繰り返しながら、効率良く相互に作用している。

脳は、私たちが生まれてから培ってきた知識、感情、記憶、信念、そして習慣的行動の貯蔵庫だが、日常の意識がアクセスできる情報は、膨大な量のうちのほんのひと握り。つまりワーキングメモリが約30秒間保持できる3～4つほどの情報のかたまりしかアクセスできないのだ。脳内の他領域に比べて、自覚している意識というものは実に非効率的で、現実を捉える視野が狭く、その穴を数多くの思い込みや推測で補っている。

それでは意識全体が捉える世界とはどれほど正確なのだろうか。実はまだわかっておらず、確実に役立つものだと信頼するしかない。普段の生活の大半では妥当に役目を果たしているといったところだが、他者がその脳内で理解している現実に関して言えば、ごく限られた情報しか入手することができない。他者と有意義な会話を楽しんでいるとき、互いの脳は相手の意図や言葉が信頼に値するのかを判断しようとする。信用できないと脳が判断を下せば、相手とビジネスを行うことも恋に落ちることもないであろう。

それではまずここで「信頼」を簡単に定義してみよう。辞書を開いてみると、「希望」「信用」「よりどころ」「頼みにすること」「確信」「依存」とさまざまな語釈が施されている。人間関係における信頼とは、目標を達成するために協力し合い頼ることのできる相手に持つ確信だ。

しかし信頼を数値として計ることは不可能に等しい。お金ひいては仕事ぶりを数字に置き換えることはできるが、お互いが納得できる会話を紡ぐためには一体どれほどの信頼を要するのだろうか。

他者と信頼関係を結ぼうとするとき、脳が相手の言葉を鵜呑みにすることはまずあり得ない。相手の言葉よりも実力、能力、長所に目を配りながらその人となりを判断しようとする。それと同時に、相手の視線、口元、さらには声のイントネーションにもしっかりと注意を払っている。「目は口ほどに物を言う」というが、信頼に関与する神経回路を活性化するには口元の表情も大切なポイントになるのだ。相手の信頼を勝ち得ようと愛想笑いするのは容易いことだが、相手の脳はこちらの目の周りの筋肉の不随意運動を見ながら、その真偽を確かめようとする。視線ひとつで相手を魅了もすれば拒絶反応を起こさせてしまうこともあるが、観察力の鋭い人であれば、目の表情のわずかな変化ですら一瞬にして察してしまう。つまり人間の信頼関係を神経科学の立場から考察すれば、やはり昔から言われているとおり、第一印象が肝心なのだ。

幸せな表情を浮かべていれば信頼度は高まるが、怒りや恐れの表情がほんの少しでも垣間見えれば一気に低下してしまう[1]。

他者の視線に敏感な私たち

相手が信頼できる人物かを判断するために、私たちはその表情を観察しようとする。しかしその一方で脳は、相手の視線を感じた途端に、敵か味方かを見極めようと、不安や警戒の状態に入る。第一印象が肝心だというのにこれは厄介な話だ。不安そうな表情には誰だって懐疑的になってしまうであろう。

この神経学的な問題が教えてくれるのは、第一印象とは相手の性格や誠実さに関するヒントしか与えてくれないということだ。それはひと目惚れにも当てはまる。好意に溢れた視線を感じたとしても、その相手は他の誰かや別のことに思いを馳せているのかもしれない。自分に興味があるのかと思っても、実際はあなたの肩越しに見えるケーキ店のショーウィンドウに目を奪われているだけかもしれないのだ。第一印象はあくまで相手を知る手がかりに過ぎない。会話をするためには相手に関する情報をひとえに集める必要がある。

それではなぜ私たちは自分を見る他者の視線に敏感になるのだろうか。

フランスの哲学者ジャン＝ポール・サルトルは他者の視線を「ザ・ルック the look」と呼び、人間は他者の視線を感じた途端に自意識にいたたまれなくなる、と主張した。神経科学はその主張の正当性をある程度までは立証しているものの、不安を感じている、もしくは何かをごまかそうとしている人間にほぼ限っている。アイコンタクトは信頼感を高める傾向があり、望ましい社会行動をしている者同士にとって今後の協力関係を促してくれる。[2]また幸せを湛えたまなざしにも同様の効果が見られる。[3]

サルトルは、人間は相手から凝視されると羞恥心を抱くとも論じており、人間が独りでいるときには、社会的モラルが薄れると提言している。

ここでその考察を裏付ける研究を紹介しよう。英ニューカッスル大学の進化・行動研究グループがユニークな実験を行った。とあるオフィスに、コーヒー、紅茶、ミルクがそれぞれ入ったサーバーを設置し、その隣のテーブルには各ドリンクの価格表と「心付け」用の箱が置かれた。しかし研究者らはそこにもうひとつ要素を加えたのだ。価格表の隣に写真を飾ったのである。10週間に亘って実施された5回の実験ではいろいろな花の写真が飾られたが、他の週にはドリンク購入者を食い入るように見つめるさまざまな両目の写真が飾られた。そして両目の写真を採用した週の集金率は、花の写真を採用した週の3倍に増加したのである。

つまり不正行為が減少し、気前のよさが顕著になったのだ。実際の人間ではなく写真であったにもかかわらず、それでも被験者たちは誰かに監視されていると無意識に感じていたということだろう。

この研究者らが述べているように、「人間の知覚系統は、顔や目を持った刺激要因に対し選択的な反応を見せる神経細胞を有している。よって、実験に使用された両目の写真は、何らかの視線を感じるという被験者の認知力に自動的かつ無意識の影響を与えた可能性がある」[4]。

英ニューカッスル警察署はこの研究結果を踏まえ、犯罪防止キャンペーンのためにじっとにらみつけるような目と「我々は犯罪者に目を光らせている」という一行文句を印刷したポスターを作成した[5]。すると初年度だけで犯罪率が17%減少したという。英ダービシャー州でも数年に亘って同様の実験が行われており、警察官の写真を使った等身大の立て看板が州内に設置されている[6]。

他の研究実験も示しているように、監視されていると感じると、誠実であろうとする気持ちと協調性の度合は向上する。しかし匿名性が確保されると不正やいかさまを行おうとする気持ちが強まり、利己的な行動に走りやすいのだ。[7]

信頼関係を築くためのアイコンタクト

アイコンタクトは、社会的な認知力の発達に重要な役割を果している。私たちは生まれてから死ぬまで、他者の情動状態を読み取る手段としてアイコンタクトを行っている。[8] また他者とのアイコンタクトは、乳児の脳神経細胞の発達に不可欠である。乳児が他者の目を見つめることによりその認知力、注意力、記憶力は向上し、また情動反応を調整する能力が養われる。[9] アイコンタクトを続けているうちに、脳は「相手に近づく」という反応を見せるが、それは視線を合わせている当事者同士が、互いに社会的な関係を築きたいという興味を示している合図ともなる。[10]

しかし一方の当事者が視線をそらせば、もう片方の当事者はその行為を「回避反応」と見なす。[11] また神経学的見知から言えば、目をそらすという行為は、それを目の当たりにしている人に何か隠し事や嘘があるのではないかという印象を与える。[12] しかしそれを見極めるには、まず相手と会話をしなければならない。例えば、異性として好意を感じ視線を合わせたとしても、既婚者同士であれば、気まずそうに目をそらせるだろう。もしくは忙しすぎて周りの人間の目を見ることすらままならない人もいるかもしれない。また社交不安障害に悩む人々も他者とのアイコンタクトを回避する。[13]アイコンタクトは、コミュニケーションを図る上で欠かせないものだが、その度合は育った環境や文化背景によって左右されることもある。[14]よって、会話のできる相手だという信頼関係を築くためにアイコンタクトを使う場合は、さまざまな要因を考慮しなければならない。

「アイ」コンタクトとは言え、意思疎通を図る際に実際に使っているのは、目ではなくその周りの筋肉だ。まぶたや眉の動きに注目すると、情動状態——特に怒り、悲しみ、恐れ、軽蔑——に関する極めて重要な情報がたくさん込められていることに気づくだろう。しかし喜びや満足感は伝わりにくく、完全にリラックスした表情はかえって相手に興味がないという印象を与えることもある。

ここでちょっとしたエクササイズを試してみよう。鏡の前に立って、まずは数分間深呼吸をしながらリラックスする。そして顔全体にぎゅっと力を入れてしわくちゃな表情を作ったら、今度は力を抜いてみよう。それを数回行ってから、自分の表情からどんな情動が伝わってくるかに注目してみる。

張り詰めた表情からは、怒り、嫌悪、拒絶といったメッセージが伝わることもあるが、できるだけ眉を上げて口を大きく開いてみれば、使っている顔の筋肉やその緊張・弛緩の度合にもよるが、不安から驚愕、そして恐れまで、多様な情動を伝える表情が浮かぶのを目の当たりにするはずだ。

そして再び顔の筋肉を緩め、3〜4分間程自分の顔をじっと見つめながら、そのときの思考や感情に注意を払ってみよう。気まずさを感じても、湧き上がる感情に目を向けながらエクササイズを続けてほしい。しばらく経つうちにぎこちなさも薄れてくるはずだ。

それでは怒り、悲しみ、恐れの表情を意図的に作れるか試してみよう。過去の記憶を辿りながら試せば、自分の表情がより真実に近い情動状態を反映していることに気づくかもしれない。事実、情動的記憶はその出来事を実際に経験したときと全く同じ筋肉収縮を引き起こすのだ。

今度はポジティブな感情——幸福感、楽しみ、満足、安らぎ——を表現してみよう。先ほどに比べて簡単と感じるだろうか、それとも難しいと感じるだろうか。ここでもそれぞれの表情を作る際に自分のインナースピーチに耳を傾けてみよう。

そして最後に、羞恥心、罪悪感、好奇心、退屈、驚きの表情を作ってみよう。人間の表情研究の第一人者であるポール・エクマン博士によれば、潜在的な情動を感じれば感じるほど脳を訓練していることになり、他者と会話をする際にその情動を認識し表現することができるのだ[15]。

大抵の場合において、私たちは他者に向けている表情を自覚しておらず、また相手の表情にも注意を払い切れていない。それ故に相手の感情を勘違いしてしまうことも多々ある。しかし微表情——言葉を介さずとも1秒足らずで伝わる情動のヒント——に精通している人でさえも、相手の気持ちを確認する上で微表情は単なる手がかりに過ぎず、本格的な会話を通じて確かめる必要があると理解している。また表情に関してもうひとつ知っておきたいのは、白熱した会話では、互いの中でさまざまな感情や思考が生じるため、表情から伝わるメッセージが曖昧になってしまうことだ。[16]

先ほどの表情エクササイズを家族や友人とぜひ試してほしい。ジェスチャーゲームのように、相手がどんな感情を表現しているのか当ててみよう。このエクササイズを続けることで、普段から絶えず送り合っている非言語メッセージをより意識するようになるだけでなく、会話をする相手の視線にも慣れてくるはずだ。

優しいまなざしは安らぎを伝える

ここでもうひとつ別のエクササイズをパートナーや会社の同僚、友人らと試してみよう。すべきことはただひとつ、お互いの目を5分間じっと見つめるだけだ。開始して30秒もすると、大抵の人はどうにも気まずさを感じるだろうが、目をそらしたいという気持ちを無視して、視線をそのまま相手に向け続けてほしい。そわそわする気持ちを観察しながら、頭の中を駆け巡る思考や感情に着目してみよう。それから深呼吸を数回し、互いに目を合わせたまま、顔、肩、首の筋肉を意識的にリラックスさせる。エクササイズが終わったら、自分に訪れた感情や感覚について互いに話をしてみよう。

このエクササイズは、我々が提唱する共感コミュニケーションのトレーニングプログラムの中核となるものだ。なぜなら会話の最中では、相手の表情に注意を向ける術を体得することが不可欠だからだ。

普段のワークショップでは、ほぼ初対面の参加者同士にペアを組んでもらい、1分間見つめ合ってもらう。何度か相手を変えながら同じエクササイズを続けていくうちに、最初の気まずさは徐々に薄れてくるのだが、参加者全員が心地よさを感じるまでには約3〜4回のパートナー交換が必要だ。

このエクササイズを確実に行うには、まず目の周りの筋肉を緩めることが大切だ。さもなければこわばった目つきになってしまうだろう。そのような目つきは実際本人の心臓にストレスをもたらすだけでなく、相手を脅している印象を与える。[17] よって、相手は自然と目をそらすことになるのだが、それは不快感が募り信頼感が薄れているという合図だ。

目の表情には別のタイプもある。相手の脳に信頼と親密の情を感じさせるまなざしだ。そのような目の表情は不随意筋によって生じるため、いかんせんごまかしがきかない。優しいまなざしは満ち足りた気持ちや心の安らぎを伝えてくれるが、実は口元からもその気持ちを伝えることができる。

それでは次に口元から伝わるメッセージについて探ってみよう。また本章の終盤にかけて、相手に共感や信頼感を抱かせる表情の作り方を紹介していきたい。

重要なポイントは口元

互いの共感に基づいた信頼関係を築くに当たって、まなざしから伝わるメッセージは全体のほんの一部だ。前述のとおり、表情においてもうひとつの重要なポイントは口元なのである。下の写真［1］からも分かるように、目つきがどんなに優しくともほんの少し口元をしかめるだけで、悲しみや軽蔑の気持ちを伝えることになりかねない。恐れの感情は主に眼筋から伝わるものだが[18]、写真［2］のように口元をほんの少し緩めるだけで、穏やかさ、充実感、満足感が伝わってくる。

他者の顔を見つめるとき、脳は相手の目元と口元からその情動状態を読み取っている。エクマン博士が著書で述べているように、人間は1万種類以上もの表情を作ることが可能で、その表情の大

［1］
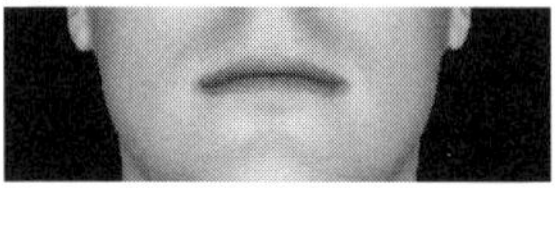

［2］
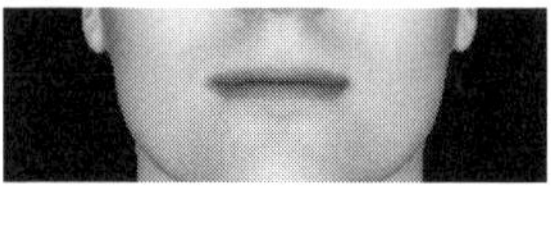

半は相手の神経細胞に特定の反応をもたらす。脳はワーキングメモリが維持できるほんの数十秒の間で、相手の表情から読み取れる多種多様な感情を想定し、それまでの自身の経験と照らし合わせながら、その人の実際の感情を推測しているのだ。

また脳は矛盾探しにも余念がない。人が嘘をついていたり混乱状態に陥ると、その目元と口元には互いに矛盾した表情が浮かぶ。

先ほど例に挙げた口元の写真をもう一度見てみよう。写真［1］は怒り、悲しみ、嫌悪を表しているように見えるが、左下の目元の写真［4］と組み合わせると厳格な表情（写真［5］）となり、より明確な感情が伝わってくる。

それでも相手が実際にイラついているのか、こちらを見下しているのか、それとも何かに集中しているのかを判断するには、声の抑揚など他のヒントも必要になってくる。しかし脳が表情を見ただけで、相手の感情や思考に関して瞬時に判

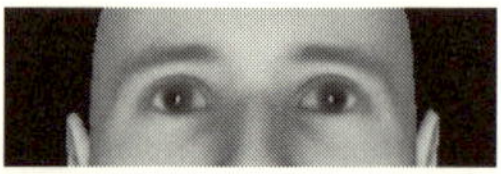

［3］

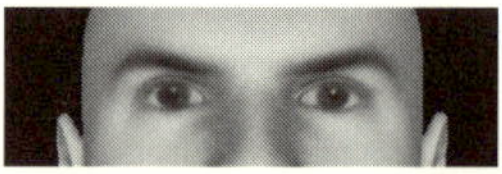

［4］

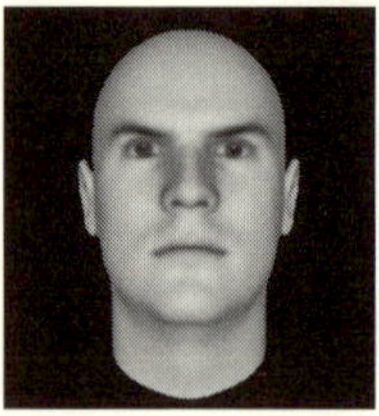

［5］

断を下し始めるという事実には気づくのではないだろうか。

悲しみを表現することは大切

エクマン博士によれば、二人の人間の間にニューラル・レゾナンスを生じさせようとする場合、最も影響力のある表情は悲しみの表情であるという。実際、誰かが苦しみや痛みで顔をゆがめればゆがめるほど、それを見ている人の脳内にある他者への同情をつかさどる神経回路は活性化するのだ。

しかし人前で悲しみを見せることは精神的な弱さを露呈することになるため、大半の人は傷ついた心を押し隠そうと敢えて怒りの表情を作ろうとする。だがそれはある意味逆効果だ。これまで述べてきたように、怒りは相手の感情を刺激しやすく、ひいては対立関係をも引き起こしかねない。であるから、メンツを守ろうと怒っているふりをするよりも、悲しみや傷心の気持ちを伝えるほうが得策なのだ。

ここで下の写真を見てみよう。どんな気持ちになっただろうか。

さまざまな感情が湧き上がってきたことと思うが、怒りを感じた人

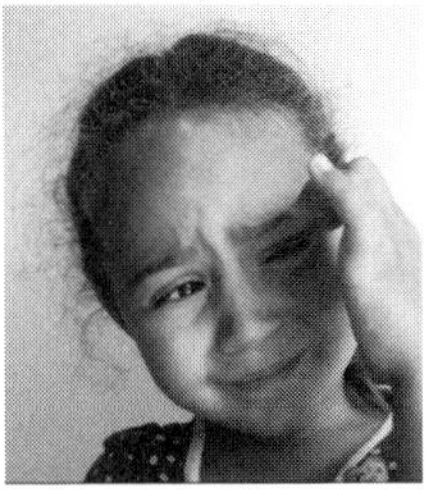

は少ないのではないだろうか。人間の脳は興味深いことに、子どもの苦しむ姿に対し、より強いいたわりや思いやりを発揮する。子どもの非力さを認識するからかもしれない。

人間は悲しみを表現する術を学ぶべきだ、とエクマン博士は提唱する。それは思うほど難しいことではない。これまでの記憶の中で特に悲しかった出来事を思い出してみよう。その感情が目、口、頬の筋肉や思考に与えている影響を意識してほしい。

次に鏡の前に立って、先ほどの少女の表情を真似してみよう。エクマン博士によれば、口角を下げ、目を細めるような感じで頬を引き上げるといいようだ。それから顔を下に向けて、両眉をひそめ、目を伏せる。

次回誰かと会話をする際には、相手の表情を意識的に真似てみよう。本書が参照している数々の研究結果が立証しているように、会話をしている相手の動作や表情を真似れば真似るほど、脳は相手の脳に共鳴するのだ。そこにはより強いつながりや共感が生まれ、深い信頼関係が構築される。

ただ、怒りに倣うことだけは避けてほしい。相手が怒っている場合には、自己の内面に目を向けながら、できるだけリラックスし落ち着きを保つことに集中するといいだろう。想像力を使いながら、嬉しかったことや楽しかった事柄に思いを馳せ、苛立ちと怒りに苦しんでいる相手には、できる限りの優しさと思いやりを持つように努力してみよう。

もしそれが困難で、相手の怒りに飲み込まれそうな気がするようであれば、「待った」をかけてひと息つくといい。相手が反論しても、だ。そして相手が少し落ち着いてから、前向きな口調で会話を再開してみよう。

モナ・リザの微笑み

笑顔が持つ力は絶大であり、脳の電磁的な神経活動に変化をもたらすこともある。[19] しかしレオナルド・ダ・ヴィンチが描いた理想的な笑顔はかすかな微笑であり、優しいまなざしが強調されている。[20]

それに比べて、歯をむき出しにした満面の笑みには異なる影響力があり、怒りまたは恐怖心を隠そうとしているケースに多くみられる。不安を感じたり神経過敏になったりすると顎に力が入るため、そこから笑顔を作ろうとすると、無理に笑っているような表情になるのだ。

モナ・リザのような微笑みは、心からの喜びを感じていなければ浮かんでこないだろう。この表情は「フェルト・スマイル（ポジティブ感情から自然に浮かぶ笑み）」と呼ばれ、心地いい経験、イメージ、感情、思考によって生じるもので、この表情を経験すると他者に対する共感力が向上する。[21]この微笑みを意識的に作り、一日中保っていられるようになると、気持ちがもっと前向きになり、仕事も楽しく感じられるようになる。[22]笑顔を見ればそれにつられて笑顔になるものだが、この微笑みによって周囲の人たちの物腰が柔らかくもなるのだ。[23]また、前向きな人生観を維持するための脳機能をも強化する。[24]

私たちが生まれた直後から、笑顔、信頼、社会的な共感力は神経学的に関与し合っている。母親が幸せそうな乳児を見つめるとその脳内ではドーパミンが放出され、母親も自然と笑顔になるのだ。[25]また乳児は両親との意思疎通を図るために、両親の笑顔の真似をする。[26]しかし母親の注意が乳児からそれると、乳児の顔に浮かんでいた笑顔はあっという間に消え去ってしまう。[27]つまり他者と会話をするときには、相手に細心の注意を払わなければならない。さもなければ相手の笑顔もたちどころに消え失せてしまうだろう。

微笑みが浮かんだ瞬間

科学により数多《あまた》の意外なる新事実が明らかになってきたように、先ほどのモナ・リザの微笑みとまなざしの作り方もある意味偶然の産物だった。共感コミュニケーションのワークショップで、マークが参加者と共に前述のアイコンタクトのエクササイズを行っていたときのことだ。大抵の場合、参加者の7割は最初の1分間で居心地の悪さを感じ始める。

しかしそのクラスは少人数だったため、普段とは違う方法を試してみることにした。そして参加者が各々ペアを組んだ後、全員に向かって目をつむるように促し、本書で先にふれたリラクゼーション・エクササイズを行った。それからマークは参加者たちに、深い喜びや満足感を味わわせてくれる心から愛している人、もしくは大切な思い出をできる限り詳細に思い浮かべるように指示を出した。すると数秒も経たないうちに、会場にいた全員の顔にこの上なく幸せそうな笑顔、つまりダ・ヴィンチが描いたあの美しい微笑みが浮かんだのだ。

参加者たちが目を開け、目の前の人を見たとき、その笑顔は満面の笑みを湛えているようにも感じられた。そしてたった今起きた出来事の感想を尋ねると、誰もが優しくゆったりとした口調で語ったのだった。全員が初対面同士だったにもかかわらず、ペアを組んだ相手に心から大切にされている、と感じていたのだ。

その翌月に行った別のワークショップで、マークは110名の参加者に対して似たようなエクササイズを試みた。リラクゼーション・エクササイズは行わず、ペアを組んだ相手と30秒間見つめ合うように指示を出した。「居心地の悪さを感じた人は？」と尋ねると、会場の約4分の3の人たちが手を挙げた。それからペアを交換し、前述のエクササイズを行った。するとほぼ全員の顔にモナ・リザの優しい微笑みが見られたのである。

目を開けてペアを組んでいる相手を2分間見つめるよう指示した後に同じ質問をすると、今度は居心地の悪さを感じた人は4人だけだった。

この事例の妥当性は、2010年に実施された脳スキャンを用いた実験によって立証されている。台湾の神経科学研究所が行ったこの実験では、愛する人の顔を思い浮かべると、前帯状皮質と島皮質が活性化し、他者への共感や思いやりが向上することが明らかになった[28]。また、我が子の笑顔を見つめる母親や、「慈愛の瞑想（Loving-Kindness Meditation）」を体験した人たちにも、同脳領域に変化が見られた[29]。

さあ今すぐにでも一度試してもらいたい。何度か深呼吸をし、今というこの瞬間を意識する。それから顔、顎、首、肩、腕の筋肉をほぐそう。そして何度か深呼吸をしたら、自分が一番大切に思っている人、または今までの人生でとても楽しく充実した気持ちになった出来事を思い浮かべる。たった今、大切な人と時間を過ごしている、または思い出の場所にいると想像しながら、自分の顔にモナ・リザの微笑みがゆっくりと浮かんでくるのを感じてみよう。

そしてそのまま街に繰り出したら、できるだけ多く人々とその笑顔をシェアしてみよう。

実践編

協調を生み、信頼関係を築く「共感コミュニケーション」

Chapter

7――いちばん深いところにある価値観は？

「共感コミュニケーション」で大切なこと

「ノー」という否定の言葉は、この世で最も影響力を持つ言葉かもしれない。けれどそれに賛同するか否かは人それぞれである。自分にとって最もインパクトのある言葉とは、これまでの人生で培ってきた大切な価値観の象徴ともいえるからだ。胸に刻んだその言葉さえあれば、周囲に何を言われても落ち着きを保っていられるはずだし、プライベートや仕事での目標達成に向かって気持ちを集中することもできるだろう。

それほど大切な存在だというのに、大半の人は自分に最も大きな影響を与える言葉についてほとんど考えようとしない。「私を幸せにするものは何か？」というフレーズをインターネット検索にかけると、数百万以上のウェブサイトがヒットするというのに。

自分にとってかけがえのない言葉を見つけるため、まずは紙とペンを手元に用意してみよう。そして本書で紹介してきたエクササイズと同様に、深呼吸やストレッチをしながら今という瞬間に意識を集中させる。十分にリラックスしたと思ったら、自分にこう尋ねてみよう。

「私のいちばん深いところにある価値観は？」

それから最低でも60秒間目を閉じたまま、インナースピーチに耳を傾けながら、頭に浮かんでくる思考や感情がゆっくりと流れ消えていくのを静かに見守る。目を開けたら、自分が最も大切にしている価値観を表す単語かフレーズを書き留めよう。

もし何も浮かんでこなかったら、再び目を閉じて、先ほどの質問を復唱しながら2分間、言葉が浮かんでくるのを静かに待つ。その一連の流れを数回繰り返すうちに、自分の価値観を表す言葉やフレーズはひとつに限らないと気づくのではないだろうか。

次に書き出した言葉のリストから、その瞬間に感じている実際の気持ちを映し出すものに丸をつける。そして目をつむり、たった今選んだ単語やフレーズを、最初は心の中で、次に声に出しながら復唱する。その言葉を口にするとどんな気持ちや感覚になるかを感じ取り、リストに残っている他の言葉との違いを比べてみよう。

このエクササイズの目的は？　と首を傾げている方々もいらっしゃるのではないだろうか。

カリフォルニア大学ロサンゼルス校の研究者らによれば、「個人の価値観を省みることで、神経内分泌機能が正常にはたらき、心理的ストレス反応を緩和することができる」[1]のである。

つまり、自分の根底にある価値観を考察・確認するだけで、脳の健康状態を保てるのだ。脳が健康であれば、仕事で燃え尽きてしまうこともないだろうし、たとえ失敗をしてもそれに固執し続けることもなくなるだろう。他者から面と向かって不愉快なことを言われても、過剰反応や自己防衛反応を示すことも少なくなる。[2]

価値観エクササイズ

これから10日間、次に説明する「価値観エクササイズ」を実践してみよう。マークが講師を務める米ロヨラ・メリーマウント大学のエグゼクティブMBAプログラムでは、開講初日の課題としてこのエクササイズが採用されている。

それでは早速エクササイズの手順を紹介しよう。毎朝目が覚めたら、まずはストレッチや深呼吸をして心と身体を十分にリラックスさせる。それから「私のいちばん深いところにある価値観とは何か?」と自分に問いかけ、頭に浮かんだ言葉をリストとして毎日記録する。その際に、言葉が浮かんだときの気持ち、自覚した感覚や事柄も併せて記録する。それを10日間続けたら、11日目に紙を一枚だけ用意し、次の7つの質問の答えを書き出してみよう。もちろん回答には正解も間違いもないので、考え込まず思うままにペンを走らせてほしい。自己を深く内観するためだけの質問なのだから。

1　エクササイズに対しての最初の印象は？
2　エクササイズはどうだったか？　楽しかった／つまらなかった／面白かった／イライラした、など
3　自分の価値観を考えるにあたって毎朝費やした時間は？
4　エクササイズを始めてから、自分の日課、仕事、人生に何か良い影響や変化はあったか？
5「価値観」という言葉を定義すると？
6　自分について何か発見はあったか？
7　このエクササイズは、職務やビジネスに対する自分の価値観に影響を与えたか？

マークのクラスではこの課題を任意提出とし、エクササイズを完了した受講者たちには、毎日つけていた記録と質問の回答用紙をそれぞれ無記名で提出してもらった。無記名にしたのは、日々多忙を極めるエグゼクティブたちにとって、このエクササイズが即効性や永続的な価値があったかどうかを本当の意味で知りたいと考えたためだ。

それぞれの感想に目を通してみると、課題提出者ほぼ全員がこのエクササイズは最終的に有益かつ啓発的で楽しめるものだったと答えたが、最初は千差万別だった。好奇心を持った人もいれば、退屈だと考えた人もいて、中には苛立ちを覚えた人もいたようである。中堅企業のCOOを務める受講者の一人は、「この下らない課題とファイナンシャル・プランニングに何の関係があるっていうんだ⁉」と殴り書きしていたほどだ。しかしそんな彼も10日後には、「全米のMBAプログラムにこのエクササイズを導入すべきだ」という感想を残している。そう感じたのは彼だけではなかったようだ。以下に他の受講者の感想を紹介しよう。

「当初は『こんなことに付き合う暇はない』というのが率直な思いでした。会社の経営に追われろくに時間も割けなかった上に、MBAプログラムでの学習量にも圧倒されていたのです。ですが毎朝2分間自分と向き合うことで、毎日を冷静に過ごせるだけでなく集中力が持続すると実感しています。学年度中はこのエクササイズを続けるつもりです」

「自分の感情を自覚し始めてから、毎晩仕事を終えて妻と過ごす時間に険悪なムードが流れる原因は、この感情の起伏だったと気づきました。ある晩、妻と口論になった後、この結婚生活の価値は何だろうかと30分間ほど一人になって考えてみたのです。その後は妻にこれまでの態度を謝罪し、二人で問題を解決することができました」

「最後まで頭に浮かび続けていた言葉は、正直さ、高潔、そして家族でした。仕事に対するモラルや価値観だけでなく、仕事に不可欠な物事について深く考える機会ともなりました。そこから気づかされたのは、家族やこれから出会うであろう人たちをサポートするためにも、成功の階段をゆっくり登るのも決して悪くない、ということです」

「最初はこのエクササイズを嫌悪していましたが、自分自身に強制していくうちに、仕事でのプライオリティを見直すことができました。ビジネスとは数字や売上だけではないことに気づかされたのです。一生もののキャリアを手に入れ品格を磨き続けたいと望むのであれば、毎日2分間、自分の価値観や信念を考察し、それらをいかに活用できるかを考えるべきだと思っています」

講義では「瞑想」という表現は一切用いられなかったものの、課題提出者の三分の一以上がエクササイズを始めて以来、瞑想などのスピリチュアルな探究に関心を抱くようになったとのことだった。加えて、より価値観を重視する社風を築くために会社の再編成に乗り出すつもりだという人たちが数名おり、それには驚きを隠せなかった。ある企業のCEOは全社員に各々の「使命と価値観」を文章にまとめて提出させ、集まった資料を受講者全員に配布していた。

人生で最も意味あるものを認識する

ウェブ上でもこれまでの約2年間、フェイスブックやその他ＳＮＳを介して、世界中の人々から10日間の価値観エクササイズに関するフィードバックが寄せられている。大学生、セラピスト、宗教的職能者、離婚弁護士、調停・仲裁人、教師、企業重役など、その職業は多岐に亘る。短時間でできるエクササイズだからであろうか、フィードバックの内容は驚くほどポジティブなものばかりだ。

次に紹介するのは、ニュージーランドで建築作業員として働くジョンから届いたフィードバックだ。

「『またやることが増えるのか！』それが初めてこのエクササイズの説明を受けたときの感想でした。でもふと気づいたのは、価値観に関する書籍は読んだことがあったのですが、それまで自分の価値観と向き合うことが一度もなかったのです。私が人生で重んじているのは、愛、奉仕、家族、この三つです。ですが職場での自分はいかんせん愛が欠けていると気づかされました。エクササイズをする以前は上司に敵意すら抱き始めていたのですが、始めて3日目頃から優しい気持ちを覚えるようになりました。上司も役目を精一杯果たしているだけだと考えるようになり、それまで抱えていた怒りが少しずつおさまってきたと同時に、感謝の気持ちが芽生えたのです。私を採用してくれたのは、他ならないその上司本人なのですから」

南アフリカの映画監督兼脚本家のシェリ・フルッコがこのエクササイズを知ったきっかけは、2010年にカリフォルニア州サウザンドオークスで開催された「TEDx」カンファレンスのビデオコンテンツ（URL：http://www.youtube.com/watch?v=yvhCLXEeSDQ）だったという。

当時のシェリはフランスでの映画撮影のためにプロジェクトチームを立ち上げたばかりで、チームワークを高めようとクルーたちにビデオを見せることにしたのだそうだ。そして毎朝撮影に入る前にクルー全員でエクササイズを行ったという。

「私の場合は、クルー全員が楽しめるお決まりのパターンを作りました。まずはコンテンツ上のマークの動作をそのまま真似て、あくび、深呼吸、ストレッチ、両肩まわしをしてから、最後に両手をぶらぶらさせます。そして目を閉じて、自分にとって最も大切なものは何か、と心の中で尋ねます。その後は半ばぶっちゃけるとでも言いましょうか、各自が思い浮かんだ言葉をクルー全員で共有することにしました。するとほんの1週間前までは赤の他人同士だった10人の間に、互いを理解しようとする強い絆が生まれたのです。きっかけを与えてくれたのはこの3分間エクササイズだと思っています。もちろんエクササイズを知らずにクランクインしていたとしても、撮影は順調に進んだかもしれません。ですがチームワークの状態をレベル1〜10のスケールで表した場合、それが〈レベル6〉だとすると、エクササイズを通してお互いの価値観や撮影に対する意気込みを共有したおかげで、チーム内の調和は〈レベル9〉にまで達しました。追伸、現場のプレッシャーがひどくなってきたときには『あくび！』を合言葉にしていました。その言葉でクルー全員がリラックスし、現場の空気も明るくなりました」

ビジネスや医療の現場でもこのようなエクササイズが徐々に導入され始めている。米ミズーリ州立大学の心理学者らが行った研究では、医師が慢性疼痛のある患者にその対処法をアドバイスする治療計画を立てる際に、患者本人と価値観エクササイズを実践したところ、患者の痛みに対する耐性が改善した。[3]

自分の人生で最も意味のあるものを認識することで、日々生じる問題に煩わされることのない生活を送れるのだ。

私たちは価値観重視の社会へと向かっている

ヴィクトール・フランクルの著書『夜と霧』（英題 *Man's Search for Meaning*）や、アブラハム・マズローの『宗教、価値、至高体験（未邦訳）』（原題 *Religion, Values, and Peak-Experiences*）がベストセラーだった1950〜1960年代、人間の「価値観」は世間を賑わせる話題のトピックだった。しかし過去約20年間で、価値観に関する研究は一気に停滞するという憂き目に遭っていた。

だが最近になって、その状況に変化が訪れ始めている。数年前の金融企業破綻をきっかけに『ブルームバーグ・ビジネスウィーク』などのビジネス専門誌は、企業理念と企業を率いるリーダーの価値観を明確化し体現すべきだと折にふれては訴え続けている。そしてビジネス界もその声にとうとう応え始めた。

米ハーバード・ビジネス・スクールで教鞭を執り、世界で最も影響力のある女性の一人として知られるロザベス・モス・カンター教授は、企業の役員会で価値観についてストレートに話し合うことの重要性を次のように述べている。

「私が『スーパーコープ（SuperCorp）』——革新的で利益があり社会的責任を果たしている企業——と呼んでいる組織内では、価値観の的確な理解と体現によって企業の説明責任が向上し、社内における連携やリーダーシップが強化されることが広く知れ亘っている」[4]

カンター教授の言葉は私が行った研究も立証している。価値観は、モラルに則った信念を表す「真実」「高潔」や、対人関係を表す「愛」「家族」「友情」など多様であると同時に個人特有のものだが、周りの人々とオープンに共有し合うことで、全員が一体となり互いをサポートし補い合おうという気持ちが生まれるのである。

これは私が以前にある教会で講演したときのことだ。会場には信仰者、無信仰者、ハト派、タカ派、億万長者、生活保護受給者という立場も生活環境も全く異なる人々が集まっていた。そこで価値観エクササイズを行い、参加者全員でそれぞれの価値観を分かち合ってもらったところ、最終的にはほぼ全員がお互いを尊重する態度を示していたのである。

カンター教授によればビジネス界でも同様のことが起きているようだ。心の奥底にある価値観について語り合うことで、集団としてのモチベーションが高まる。社員の個人的な価値観と企業の理念や方針が一体化すれば、倫理的に協力し合うことができる。さらに、社員が業務を遂行し行動基盤となる価値観をオープンに話し合うことで、非個人的で強制的なルールを押しつける必要もなくなる、とカンター教授は続けている。

個人間の対立も減少するようで、協調性が増してグループの一員だという帰属意識が高まり、全員が利益を上げるようになるという。

「組織は共通の目的意識を持ったコミュニティとなる。コミュニティではチームワークと協調性が強化される。相手の価値観やモラルを受け入れ、自分の中に取り込んでしまえば、職場で状況に即した対応が求められる際にも周りに頼り、周りからも頼られやすくなるであろう。これまで私が数々のトップ企業に見てきたように、コア・バリューと目指すべき方向性を積極的に考えることで、創造性に溢れた可能性が解き放たれるのだ[5]」

たったひとつの質問が持つ威力をおわかりいただけただろうか。

価値観とは一体なに？

「価値観を定義してください」というリクエストを頻繁にいただくが、敢えて「定義しない」のがこのエクササイズの美点だ。もちろん例を挙げることもない。どんな価値観について考えればいいのかを他者が提案したら、エクササイズのプロセスすべてが外部思考になってしまう。個人それぞれの方法で考えれば、それまで知らなかった新しい自分を発見することも可能だ。

何より、価値観は一人一人のありとあらゆる経験や側面に大きく関わっているのだから、定義やカテゴリ化は極めて困難だ。その経験や側面をざっと例に挙げるだけでも、モラル、政治、宗教、婚姻関係、組織、美的センス、実用性、理論、科学、哲学、個人的、対人的、健康、金銭感覚、と枚挙にいとまがない。食べるものや購入するものすら価値観に左右されるほどなのだから。[6]しかし自身の価値観にしがみついてしまうとき、「こうあるべきだ」という意見を他者に押しつけがちになり、結果として他者との争いが生じやすくなってしまう。[7]

内面に宿る価値観は、遺伝的および環境的な影響によって形成され、[8]人生の意味と目標を与えてくれる大切な存在だ。価値観を持たない人間は反社会的な行動をとる傾向にある。[9]また、価値観ごとに脳内で活性化する部位が異なり、[10]異なった文化的価値観を持つ人々の脳を比較したところ、視覚野で活性化する領域に相違が見られることも明らかになっている。[11]つまり私たちは、他者とは根本的に異なる観点から世界を捉えているということになるだろう。

何があなたを幸せにするのか

共感コミュニケーションの効果を測るためにデータ収集を開始したばかりの頃、ワークショップの参加者にこんな質問をしていた。「あなたの密かな欲望は?」

当時大ヒットしていた書籍/映画『ザ・シークレット』に感化されて思いついたのだが、参加者がどんな答えを返してくれるのか、興味をそそられたのだ。そして集まったデータはどれも貴重な内容だった。

共感コミュニケーションの実践前後、つまり二度同じ質問をしたところ、実践前ではお金、待遇のいい仕事、家など、物欲を満たそうとする答えが多く見られた。しかし台本形式のエクササイズを40分間行った後では、先ほどの回答とは大きくかけ離れていた。最も多かったのは幸福感や充足感で、経済的な豊かさを求める声は34％から14％に減少し、平和を願う声は60％も増加していたのだ。また、自分や周りの人を愛したいという望みは3倍近く増加していた。

今挙げたような価値観は、金銭的に裕福であることよりも、人生における満足感や精神的な安定に関連づけられることが多い[12]。だからこそ、適切な方法で核心を突く質問をすることが重要になってくるのだ。

「周りの人に何が欲しいのかを尋ねれば、物質的な豊かさと答える人が多いだろう。しかし「何があなたを幸せにするのか」という質問なら、お金と口にする人はほとんどいない。普遍的な価値としてははるかに重要なのは、物質的な豊かさよりも幸福感なのである[13]。

もちろんお金があるにこしたことはないが、他者からの信頼を買うことはできないし、充実感を得るために欠かせないポジティブな感情をはぐくむこともできない。アメリカの政治コメンテーター、デイヴィッド・ブルックスは著書『人生の科学――「無意識」があなたの一生を決める』で、仕事が苦戦続きでも家庭円満という人より、キャリアに満足していながら家庭や人間関係で問題を抱えている人のほうが惨めだと論じている。

現に、金銭への執着で生じるストレスは私たちの生命をも脅かすのだ。

ベルギーのリエージュ大学が2010年に実施した調査では、「お金は日常のポジティブな感情や楽しい経験を満喫する能力を低下させる」[14]ことが明らかになっている。またこの調査では、比較的裕福な人は中程度の所得を得ている人よりも人生を楽しめない傾向にあることがわかった。

対人関係とコミュニケーションにおける価値観

価値観エクササイズが習慣になると、自分の価値観が徐々に変化と発展を遂げていることに気づくはずだ。人生における特別な出来事——結婚、離婚、出産など——は良かれ悪しかれ、価値観をガラリと変えてしまう。

例えば、両親の泥沼離婚を目の当たりにした子どもは結婚というものに懐疑的になるだろうが、当事者である両親は同じ価値観や信念を持った新しいパートナーに巡り会うチャンスを手にしたことになる。

多くの人は、生命に関わるような出来事に遭遇すると価値観の見直しを図り、意外にもそれまで以上の充実感を味わえるようになる。[15]死について考察するだけでも価値観は変化し、私利私欲よりも無私で思いやりのある行動を促す。[16]

価値観エクササイズの実践者たちによれば、このエクササイズには2種類のバリエーションがあり、効果に関してはいずれも太鼓判をいただいている。まずは次の質問についてゆっくり考えてみよう。

「対人関係で最も大切にしているものは？」
「コミュニケーションで最も大切にしているものは？」

この質問に対して大半の人は同様の反応を見せる。対人関係で最も多い回答は「優しさ」と「信頼」で、コミュニケーションでは「敬意をもって聞いてもらうこと」と「正直に心から話してもらうこと」だ。他者と接する際、これらの価値観を日常的かつ意識的に取り入れれば、たとえ信用のおけない苦手な人物が相手でも対立が起きる可能性は大幅に低くなる。

ここでマークの体験談を例に挙げてみよう。ある組織の役員会で意見が対立しているとの連絡が入り、仲裁役の要請を受けたマークは会議に出席することになった。その組織はとある心理学トレーニングセンターで、役員会では「怒りの表現」についての熱論が交わされていた。数人のセラピストを含むグループは、怒りを表に出すことは人間が立ち直るプロセスにおいて不可欠だと訴えていた。そしてもう一方のグループは大半が企業でリーダーシップについて教えているスタッフだったが、怒りを表すよりも機転の利いた外交術こそが重要だと反論していた。

両グループのリーダーは妥協点を見出すことができず、議論は膠着状態に達していた。そこでお呼びがかかったのである。マークはリーダー二人に、自分のいちばん深いところにある価値観、対人関係における価値観、コミュニケーションにおける価値観を尋ねた。

セラピスト側のリーダーだったジルから返ってきたのは「優しさ」「高潔」「正直」という答えだった。一方、企業スタッフ側のリーダーだったサムはそれぞれについて「愛」「思いやり」「優しさ」と答えた。

「パーフェクトじゃないか！」マークはそう言ってこう続けた。「二人とも相手の価値観をリスペクトするかい？」

二人は同意しながら頷いた。

「それじゃジル、サムとの議論をこのまま続けてほしいんだけど、ひとつ条件があるんだ。君とサムの価値観、どちらも尊重しながら話を進めてほしい。君の怒りを素直に表してほしいけれど、愛と思いやりと優しさを忘れずにね」

ジルが怒りを表にすることはなかった。サムの価値観はどれをとっても前向きで、怒りや恨み辛みを伝えるネガティブな表現には到底結びつかなかったからだ。それから2カ月後、ジルは退職し、トレーニングセンターでは盛んな活動が続いた。

互いの価値観を共有しておくことが必要

もし誰かと難しい問題について話し合いをするのなら「あらかじめ」、お互いの「個人的価値観」「対人関係における価値観」「コミュニケーションにおける価値観」を共有しておくと、冷静を保ちながら議論により一層集中することができる。特にカップルカウンセリング中のパートナー同士のコミュニケーションに役立つとのことだ。

ロサンゼルスで結婚・家族問題認定専門カウンセラーとして開業しているジェイムズ・ウォルトン博士は、カウンセリングセッションで価値観エクササイズを活用している。

セッションの冒頭で相談者たちと一緒に2分間のエクササイズを実践しているが、その効果には目を見張っている。カップルカウンセリングでは、互いの価値観が二人の関係上で果たしている役割と、相手の価値観を軽視した際に起きる問題をテーマに話し合いを進めているのだが、相談者の間で最も多く聞かれる価値観は、愛情と思いやりだ。

一組のカップルを例に挙げてみよう。クララとバートはコミュニケーションに多くの問題を抱えていた。バートはクララに対して受動攻撃的な（怒りをストレートには表現せず身を引くことで相手に反抗する）態度で接していて、クララはバートをあけすけに批判し敵意をあらわにしていたのである。些細なことでも口論となり、それが原因で本人たちにはどうすることもできないほどの嫌悪感を相手に持つことすらあった。二人ともこの関係において親友という立場を放棄してしまったのだ。そこで二人と価値観エクササイズを行ってみることにした。

まずリラクゼーション・エクササイズをし、自分が深い愛情を感じている人の顔を思い浮かべ、その愛情を感じてみるように伝えた。そして自分の核にある価値観に意識を集中し、言葉が浮かんでくるのをじっと待つように告げた。バートはクララに支えられたいと感じ、クララはバートに受け容れてもらいたいと感じていた。

三人でエクササイズの感想を語り合って分かったのは、二人ともお互いの根本的な価値観に対してデリカシーを欠いていたということだ。人間は自身の根本的な価値観を蔑ろにされると、己の無力さに苛まれてしまうものなのだ。

そこでクララにはバートにとって彼女の支えがどれほど大切なのかを自覚してもらおうと促した。バートには2分間の価値観エクササイズを日課にしてもらい、誰かに支えてもらうことと誰かを支えることについて考えながら、その瞬間に湧き上がる気持ちを深く噛みしめるようにと勧めた。また、クララに対しどのように受容的な態度を示せばいいのかを考えてもらうことにした。

クララにも同じく価値観エクササイズを勧め、受容という概念、つまりクララ自身や周りの人々が誰かに迎え入れられているという感覚を心で味わいながら、誰かを受け容れ誰かに受け容れられたときの記憶を感じてほしいと告げた。

エクササイズを始めてから1週間後、二人の関係は劇的に改善していた。再び堅い絆で結ばれ始め、自分が相手を理解していると感じていたのだ。価値観エクササイズだけで、それまでに試したすべての方法論以上の成果を上げたのである。

それ以来、多数のカップルとこのエクササイズを実践してきたが、どのケースでも大変役に立っている。セッション中だけでなく自宅での日課にしているカップルでは、パートナーに対する共感がさらに深まり絶大な効果を見せている。

コミュニケーションにおける最も基本的な価値観を具体化した一般的なルールは存在するのだろうか？　私は存在すると思っている。それこそまさに、自分が話してもらいたいように相手に話しかけること、そして自分が聞いてもらいたいように相手の話に耳を傾けること、ではないだろうか。

個人の価値観と職場での価値観を一致させる

コミュニケーションという括りで捉えれば私たちの価値観はある程度共通しているようだが、個人的な価値観とキャリアに関する価値観にはズレが生じることが多く[17]、これは問題と言えるだろう。なぜなら、個人としての価値観と社会人としての価値観が食い違えば、精神的に疲弊してしまう可能性が高くなるからだ。[18]

実際ヘルスケアや医療の世界でそのようなケースが多数見られている。

例えばアメリカのある地域では医師全体の約5割が精神的な疲労を感じているとされ、またカナダ人医師３２００名を対象にした調査で、個人的な価値観と職場での価値観が矛盾している医師を特定したところ、極度の疲労や医療ミスの可能性を予測することができたのである。[19]

それではここで、アメリカの口腔外科医ロジャー・P・レビン医師が考案した、個人的な価値観と職場での価値観を一体化させる方法を紹介しよう。誰にでもできる方法なのでぜひ試していただきたい。

「まず、ビジネスに対する価値観を見極めるため、自分の仕事、もしくは信念の核心を表す単語を約15個書き出す。真摯、バランス、利益、成長、挑戦、思いやり、卓越、クオリティ、信頼、感謝、熱意などの言葉が挙がるかもしれない。

リストが完成したら、それから10日間をかけて15個から6つ以下にまで絞り込む。10日間中にリストに単語を書き加えて構わないが、ひとつ足したら必ずひとつ減らすこと。意味が似ている言葉、例えば誠実と正直だったら、いずれかひとつにまとめてもＯＫだ。最終的に自分にとって重要ではない言葉をリストから外していくことになる。

リストに残っている4〜6個の単語、つまりビジネスに対する自分の価値観を理解すれば、仕事の内容を強化させ、さらに精力的なチームを作り上げることができる。……（中略）……先ほどと同じプロセスで個人的な価値観を探ってみよう。楽しみながら自分への理解が深まる作業だ[20]」

価値観を分かち合えば、違いを超越できる

価値観は精神的なものだと長年論じられてきた。さまざまな宗教の教典は、俗世、そしてその先に待ち受けているかもしれない世界で、私たちにより大きな満足感をもたらすであろう価値観を断定しようと試みてきた。しかしそうした教典が示す精神的価値をここで採り上げるとなれば、この本1冊には到底おさまりきらないだろう。

数世紀にも亘って神学論争が行われてきたにもかかわらず、幸福や生き続けることについて誰しもが納得できる共通の価値観はいまだ明らかになっていない。その理由を簡潔に説明するには、人間の脳の性質を例に挙げるのが一番わかりやすいかもしれない。

他の動物とは異なり、人間の脳活動には個人特有のパターンがあり、同じ脳を持つ人間は二人と存在しない。先の章でもふれたように、同じ単語であっても理解している意味やそこに見

出す価値は十人十色だ。人間はそれぞれが唯一無二の存在であり、何かを決断するたびに変化し続ける神経細胞と同様に、人生の糧となる価値観も固有のものである。「精神性」という言葉ですら、宗教、哲学、心理学の世界ではそれぞれ異なる意味で捉えられている。

しかし私は、精神性と価値観はしばしば同等の意味を持つと考えている。価値観エクササイズの質問に、「最も高潔な」ではなく「いちばん深いところにある」という表現を敢えて選んだのは、宗教を信じる人にも信じない人にも、同じスタンスで語りかけられる言葉だと考えたからだ。カリフォルニア大学ロサンゼルス校で現在進行中の研究も同様のアプローチで行われている。

「精神性は私たちの内面、つまり主観的な人生を示すもので、客観的な人生活動の範囲にある物理的な出来事や物体とは対照的である。人間の精神性は、自分が何者であり、どこからやってきて、なぜ存在するのか、すなわち人生の意味、目的、また他者や世界とのつながりにおける価値観や理想を反映している。さらにインスピレーション、創造性、神秘、神聖、超自然、すなわち定義や口頭では解説できない体験を捉えたものでもある。この広範囲に亘る見解においては、精神性とは人間の持つ普遍的な衝動かつ現実であると考える」[21]

一人一人信じるものが異なるこの世界で不可欠なのは、多種多様な政治理念や宗教的信仰を分かち合いながら、その違いを超越する価値観主導の対話を持つことではないだろうか。したがって話をする際には、話し手と聞き手だけでなく両者の根本的な価値観を認め、称え、そして尊重することが、共感コミュニケーションの基本的ルールが目指すところなのである。

やるべきことはシンプルだ。会議室や自宅玄関のドアに手を掛ける前に、今から会う人のどんなところを評価し尊重しているだろうかと自分に尋ねてみよう。そんな小さな心掛けひとつで、他者との対立や諍いを生むリスクを減らすことができるのだから。

Chapter

8
──「共感コミュニケーション」を理解する

簡潔に話す。ゆっくり話す。じっくり耳を傾ける。感謝の気持ちを表す。前向きでいる。インナースピーチを静観する。自分の内面にある静けさをはぐくむ。相手の顔の表情、しぐさ、声の抑揚を観察する。相手の動作に合わせながらニューラル・レゾナンスを生じさせる。リラックスした状態を保ちながら今という瞬間に注意を払う。自己に内在する価値観に意識を集中させる。自分の価値観を会話に活かす。

これが他者と信頼関係を築きながら、長く実りある関係をはぐくむために欠かせない12項目だ。ある研究結果が示唆しているように、コミュニケーション力を最大限に発揮し、他者との対立や諍いのリスクを最小限に抑えるためには、このいずれも決して欠くことができない。

このコミュニケーション法を活用すれば、相手が友人、恋人、会社の同僚、子ども、他人、そして精神障害や認知障害を患っている人であっても、望みうる最良の会話を楽しむことができるはずだ。そこにプラスαとして言葉の選び方に気を配れば、相手の理解力を高めるだけでなく思いやりや協調性を引き出すこともできる。とは言え、言葉はコミュニケーションプロセス全体のほんの一部であることには変わりない。肝心なのは「話し方」と「聞き方」だ。

会話のスキルを磨くためには、今の自分がどのようにコミュニケーションを取っているのかを認識する必要があるだろう。

はじめに普段の話し方についてだが、幼少期から青年期にかけて身についたパターンに陥っていることを自覚することだ。それから、相手の話を聞きながら、次の話題を考えるというクセを常に意識すること。最後は、習慣化してしまった古いコミュニケーションスタイルをリセットし、より効果的で効率のいい新しいスタイルに書き換えることだ。

もちろん一朝一夕でできることではないが、次章で紹介する20分間の対人エクササイズをパートナーや友人たちと演習しながら、12のステップを体得していただければ幸いだ。数回試してみるだけでも、家庭や職場での会話に多少なりとも応用が効かせられるだろう。演習を続けると他者への共感力が向上するだけでなく、脳のはたらきにも変化が生じることも明らかになっている。

同様のコミュニケーション・エクササイズを対象に行った研究では、開始から最長8週間以内で、社会に対する意識、認知力、感情のコントロールをつかさどる脳領域のはたらきに大幅な改善が見られた。言ってみれば、20分間エクササイズを実践するだけで実際に脳を書き換え、より効率のいい充実した会話を紡ぐことができるのだ。

「共感コミュニケーション」12の方法

それでは早速、科学的な根拠を交えつつ、共感コミュニケーションの12項目をひとつひとつ解説していこう。最初の6項目は準備編だ。会話を始める前にこの順番で試してみよう。

1　リラックスする
2　今という瞬間に注意を払う
3　自分の内面にある静けさをはぐくむ
4　ポジティビティ（肯定的な感情と前向きな姿勢）を高める
5　自分のいちばん深いところにある価値観と向き合う
6　楽しかった思い出にアクセスする

以上を行うと、心が穏やかになり、意識がよりはっきりする。他者とのコミュニケーションに先行して自分のコンディション調整を忘れてはならない。

7　非言語シグナル（言葉以外のサイン）を観察する

声の抑揚、表情、ボディランゲージの微妙な変化に注意を払っていれば、相手の真意を伝えてくれる大切なヒントを見逃さずにいられる。相手がこちらの話を聞いて理解しているかを察知するためにも必要な情報だ。会話をスタートさせる前にぜひ頭の中に入れておこう。そして会話をしながら常に守ってほしいのが、次の5項目だ。

8　感謝の気持ちを表す
9　心から温かい口調で話す
10　ゆっくり話す
11　簡潔に話す
12　じっくり耳を傾ける

残念ながら普段の会話に取り入れている人はかなり少数といえる。ある意味ダイエットと似ているのかもしれない。目標を達成する、つまり体重を落とすためには何をすべきかわかっているのに、元の習慣に逆戻りしてしまう。それが人間の性である。おまけに以前からの習慣を断ち切るために脳は膨大なエネルギーを消費する。よって新しい習慣を身につけるためには、新しい行動パターンを何十、何百回と繰り返さなければならない。そしてゆくゆくは考えずとも自然に行動に表れるようになる。

まずはゆっくり深呼吸をして全身をリラックスさせながら、今という瞬間に十分に意識を集中させるところからはじめてみよう。

1 リラックスする

ストレスはもはや世界で最も多い死因とすら言われている。ストレスによってイライラが募り、イライラから怒りが生じるわけだが、怒りは他者とのコミュニケーションや協調を妨げてしまう。[1]だからこそ誰かと会話を始める前に60秒間、これから紹介するリラクゼーション法を活用してみてはいかがだろう。あくまで基本形なので、実践しながら最適なスタイルを見つけてほしい。

はじめに、全身で一番緊張している箇所を感じ取る。そして現時点での身体のストレス度をレベル1〜10（10がストレス度が最も高い）に当てはめ、その数字を紙にメモする。

次にゆっくり5秒間かけながら息を吸い込み、またゆっくり5秒間かけながら吐き出す。それを3回繰り返す。その後にできればあくびを数回し、身体がどれほどリラックスしてきたかを感じる。先ほどのストレス度の数字から現在の状態を表しているものを選び、再びメモする。

次にストレッチをする。自分が気持ち良いと感じられるならどんな方法でも構わないので、伸ばしている箇所の感覚に意識を向けてみよう。それではまずは顔の筋肉から。顔の中心に力を込めるように顔をくしゃくしゃにしたら、今度は外側に向かうように大きく広げる。次に首と肩周りへ。頭をゆっくり前後左右に動かしながら首をストレッチする。両肩を耳に近づけるようにぎゅっと持ち上げたら、脱力しすとんと下に落とす。

両腕と両脚に力を入れてそのまま10秒間数えたら、一気に力を抜き、両手と両足をぶらぶらさせる。数回深呼吸をして身体を休める。そして現段階でのストレス度を再びメモする。先ほどよりもレベルは下がっているだろうか。

実はこんな単純な方法だけでも、コミュニケーションスキルを適度に向上させることができるのだ。ｆＭＲＩを使った複数の研究では、1分間のリラクゼーション・エクササイズを行うと大脳皮質が活性化し、言語、コミュニケーション、社会に対する意識、気分のコントロール、そして意思決定の能力がそれぞれ向上することが明らかになっている。[2] さらに、エクササイズの時間を長くすると他の領域までもが活性化し、集中力が高まる。[3]また、身体をリラックスさせることでコルチゾール値が低下し、生物学的ストレスが軽減される。

他の研究では、自分自身の自然呼吸のリズムに集中するだけでも脳に良い影響を与え、パートナーと一緒に呼吸を合わせるとさらに落ち着き、互いへの思いやりの気持ちが強くなることがわかっている。[4]表情研究の権威、ポール・エクマン博士は、著書『顔は口ほどに嘘をつく』（原題 *Emotions Revealed*）で語っている。

「意識的に観察する必要のない、自然発生的なプロセスに意識を集中させることにより、他の自然発生的なプロセスに集中する能力が生まれる……（中略）……新しい脳神経回路が形成されるのだ。このスキルは他の自然発生的なプロセスに移行する。つまり、情動行動に対する意識を高め、個人によっては衝動行動に対する意識も向上するのである」

激しい感情表現が含まれる会話で一番得をするのは、冷静を保っていられる人だ。だから困難な問題について話し合いをするときは、リラックスすることと呼吸、この二つに集中する方法をぜひとも身につけていただきたい。

2　今という瞬間に注意を払う

リラックスすることと呼吸にひたすら集中し続けると、意識が今のこの瞬間に立ち戻ってくる。呼吸やリラックスといった極めて単純な作業に没頭すると、日常の意識のインナースピーチが鳴りを潜め、目の前で起きている微かな変化を察知するようになるのだ。

普段気づかなかった音が聞こえ、身体の感覚が研ぎ澄まされていくのを感じる。そしてこの「今という瞬間」を会話中に意識すると、相手の声の抑揚のわずかな変化をはっきりと聞き分け、その言葉から伝わってくる感情の機微を理解することができる。

それではここで、精神世界分野で有名な作家エックハルト・トール氏が考案した、その場で今という瞬間を体感する方法を紹介しよう[5]。

まずは、右手に意識を集中し、「右手がこの瞬間に実在していることを知るには何をすればいいか」と自分に問いかける。その質問に専心すればするほど、右手の感覚がはっきりとしてくるはずだ。

1〜2分経っても何も変わらないようであれば、右手をゆっくりと閉じながらこぶしを作り、30秒間ぎゅっと握り続ける。そして指の一本一本と手のひらの感覚に注意を払いながら、ゆっくりと30秒間かけて手を開く。

このように集中するといつの間にか心が静かになっていることに気づくのではないだろう

か。実感はないかもしれないが血圧も下がっているはずだ。リラックスして今に注意を払うことは心臓にも良い影響をもたらす。

右手に意識を向け、左手との「アライブネス（いきいきとしているさま）」の違いを感じてみよう。この方法を使えばいつでも、身体のどの箇所でも、感覚を研ぎ澄ますことができるようになる。もちろん他者との会話で話題にするのもいいだろう。

このような意識の移り変わりが脳機能にもたらす変化を、ｆＭＲＩ技術を使って実際に確認することができる。日常の意識が、周りで起きているさまざまな出来事への「気づき」となり、より広くて統合的な世界観をもたらす。[6]

刻々とうつろう瞬間への意識を会話のなかで応用すると、思考がよりクリアーになった状態で会話を楽しむことができるだけでなく、相手の感情に影響されにくくなる。リラックス状態にあるので、相手の心の痛みに親身になり、いたわりの心で接することができるようになるのだ。

また今という瞬間を意識することには、興味深い副次効果がある。話の流れや行き着く先をコントロールしないので、思いがけない会話が生まれる可能性もあるのだ。

例えば話の途中で自分や相手が突然深い悲しみにおそわれたとしよう。意識は今という瞬間にあるため、それまで全く別の話をしていたとしても会話のトピックはその「悲しみ」へと移行し、先ほどまでの話題は自然と消えていく。会話の両当事者にとってこれは非常に親密な体験であり、それゆえ家族や友人との会話には最適だ。ただビジネスの場では特定のトピックにフォーカスし続けることが不可欠である。しかしながら今に注意を払うことで、会話が脱線してもすぐに気づくことができるはずだ。

3 自分の内面にある静けさをはぐくむ

今という瞬間を意識し続けていられる時間には限りがある。ほどなくしてインナースピーチの邪魔が入るからだ。ある研究によれば、私たちは思考や感情が注意散漫になるのを抑えることができるが、それまで何度も練習を重ねなければならない。

「何も考えない状態」について考え続けると、インナースピーチと認知力を制御する脳シグナル伝達カスケードを自発的にコントロールできるようになる。[7] 米エモリー大学の研究者らによれば、思考の抑制には脳を保護するはたらきがあり、「正常な老化に伴う認知力の低下を遅らせることができる[8]」。

相手の話を丁寧に聞くためには、心の平静を保つ術を身につけねばならない。相手は無意識ながらも、私たちが心の中で別のことを考えていることを察知するものだ。そして興味を持たれていないと感じ、距離を置く。つまり能動的なコミュニケーションにおいて、沈黙は敵ではなく、むしろ味方なのである。

脳の側頭葉には常に何かを聞こうとするはたらきがあるため、多くの人達にとって、心の中に静けさを保ち続けることは困難だ。それに周囲では必ず何かが音を立てている。

そこで私や他の講師たちがワークショップの参加者に勧めている、内面の静けさをはぐくむエクササイズを紹介しよう。

まずはインターネットで、http://www.mindfulnessdc.org/bell/index.html のページを開いてほしい。この「マインドフルネス・ベル」というページでは、これから解説するエクササイズに用いる「鐘の音」のストリーミング調節が可能だ。まずは「Play」（再生）をクリックし、鐘の音に聞き入ってみよう。鐘の音がフェードアウトするにつれ、耳を澄まさなければならないことに気づくだろう。そして鐘の音が完全に消えたら、そのまま静けさに耳を傾け続けよう。静けさと言っても実際はさまざまな音が耳に入ってくるはずだ。自分が呼吸する音にすら気づくかもしれない。呼吸の音に集中することは大変好ましく、脳の健康に極めて大きな効果を発揮する。

そして再び鐘を鳴らし、先ほどよりももっと注意しながらその音に耳を傾ける。鐘の音がもたらす特別な意識の状態を認識できるように、それを何度か続けてみよう。その集中した状態を、他者の話を聞くときにぜひ取り入れてほしい。

また「マインドフルネス・ベル」は次章で採り上げる共感コミュニケーションのトレーニン

グにも活用可能だ。

4　ポジティビティを高める

会話を始める前に、心の中で今の気分を確認してみよう。幸せなのか、落ち込んでいるのか。警戒心が強くなっているのか、不安なのか、それとも落ち着いているのか。否定的な思考や感情は、言語の処理、リスニング、発話に関与する脳領域のはたらきを阻害する。

前述の3ステップは否定的な思考や感情を取り除くのに十分な効果がある、と示唆する研究もあるが、ネガティブ感情がまだ残っているようであれば、もう一度前述の3ステップを行う、もしくは会う約束やミーティング——特に仕事関係であれば——を延期してはどうだろうか。疲れやストレスを抱えている相手とは有意義で生産的な対話は無理だろう、と同僚や上司たちは感じるはずだ。そこで敢えてリスクを冒す必要はあるだろうか。

リラックスして冷静な状態だったとしても、「このミーティングやこれから話す相手に対して前向きな気持ちか?」と自分に尋ねてみよう。もし答えが「ノー」つまり懐疑心、不安、フラストレーション、ましてや怒りすら感じているのであれば、やはりミーティングや相手と話す機会を後日に延期するのが賢明だ。延期が無理なら、一時的でも何かポジティブなことに意識を集中させよう。なぜならネガティブな感情はどんなものであれ、互いをむきにさせ、不信感を煽るからだ。

予定しているミーティングに不安がある場合には、ミーティングで起こりそうな事柄を頭の中でリハーサルしてみるといい。役者が脚本を読んでいるようなつもりで、話をする予定の相手との会話とその内容をイメージしてみよう。すると、自分の意図がうまく伝わらないかもしれない言葉の表現を見つけられるようになる。

それでも不安や動揺がおさまらないようであれば、想像の幅を広げ、今感じている気持ちを相手に伝えたら、相手がどんな反応を示すかをイメージしてみる。もし相手の反応が曖昧、つまり相手が尊重されていると感じていないようなら、その会話は失敗に終わる可能性があると想定しておくことができる。

充実した会話を実らせるには、自分自身と相手に対するポジティビティを高めることが大切だ。米ノースカロライナ大学で心理学を教えているバーバラ・フレドリクソン博士は、ポジティビティは私たちが生まれながらに持つ権利だと述べている。

「(ポジティビティは)さまざまな形や趣として表れます。他の人とのつながりや彼らに愛されている自分をイメージしましょう。遊び心たっぷりで、クリエイティブで、ふざけることが大好きな自分。恵まれていると感じ、周りと気持ちがひとつになった自分。この世界に存在することの純然たる美しさを自覚する魂。新しいアイデアや趣味にエキサイトして元気いっぱいの自分。ポジティブな感情――愛情、喜び、感謝、安らぎ、興味、鼓舞など――があなたの心に触れ、心が開いたとき、ポジティビティの力が発揮されるのです[9]」

フレドリクソン博士は、私生活、そしてビジネスでの対人関係を成功に導くために重要な因子のひとつを特定した。それは「3：1の黄金比」と呼ばれるもので、他者と会話をしているときのポジティブ感情とネガティブ感情の比率を表している。ネガティブ感情1に対してポジティブ感情が3以下の場合、その関係や会話は成立しにくい。

私生活やビジネスで豊かな人間関係を築くためには、ネガティブなコメント1に対し、最低5のポジティブなコメントが必要となる（例えば、「がっかりした」や「それは望んでいたことではない」というコメントは、「眉をひそめる」や「軽蔑のジェスチャー」と同様にネガティビティとしてカウントされる）。そしてポジティビティとネガティビティの比率が3：1を下回る人は、うつ病と診断されやすい[10]。

重要なミーティングの前に心の中でリハーサルをする際には、ポジティビティ、思いやり、前向きな気持ちを表しながら会話をイメージしてみてはいかがだろう。前向きな姿勢で会話をスタートさせると、話し手と聞き手の両者はその会話に大きな満足感を覚える傾向がある[11]。そして将来の成功を意識的に視覚化することで、その目標を達成するモチベーションを向上させることができる。[12]

今挙げた研究結果には裏付けがある。ポジティブなイメージはネガティブ感情を抑制し、ネガティブなイメージはネガティブ感情を持続、もしくは悪化させるのだ。[13]

それでは人間は自身の思考をコントロールすることで、任意に前向きな態度を作ることができるのだろうか。米トレド大学の研究者らによれば、その答えは「イエス」だ。[14]幼少時代のネガティブな記憶を「書き直し」、他の結末や解決策に思いを巡らせることもなくなる。[15]だから、会話をする前には、ぜひポジティブな気持ちと思考で心の準備をしてほしい。

しかし「ポジティブ心理学」の生みの親であるアメリカの心理学者マーティン・セリグマン博士は「ポジティブな言葉を単に繰り返すだけでは、気分を高揚させることも目標を達成することもできない」と指摘している。「『ノンネガティブ思考』を使って」[16]、前向きな気持ちを脳に植えつけなければならない。それは、長期記憶に無意識に貯蔵されていたネガティブな主観を意識的に識別し、その根を断つ必要があるということだ。

そのためにまずは、ネガティブな主観や恐れを持つようになった理由、それを裏付ける証拠を探るところから始めてみよう。不安や懸念は、過去に起きた出来事の誇張に基づいていることが多い。今という瞬間に立ち戻れば、昔のネガティブな記憶やインナースピーチは影響力を失うはずだ。

こうして徐々に時間をかけながら、どうしようもなく悲観的な物の見方を、現実的かつ持続的な楽観主義へと変えることができるのだ。ポジティビティは、落ち込みや不安、自信喪失を一気に取り払ってくれるわけではないが、争いや対立の数を劇的に減少させる。[17] それによって、他者との関係におけるすべての側面が改善されるのだ。

5　自分のいちばん深いところにある価値観と向き合う

内なる価値観が会話に与える影響力については前章でふれたとおりだが、会話にふさわしい雰囲気作りには、他にもう二つのポイントが必要となる。

ひとつは、人間関係において最も大切なもの（これから共に会話する人が対象）、そしてもうひとつはコミュニケーションにおいて最も大切なもの（これから始まろうとする会話が対象）だ。3つの価値観を明確にすることで、問題を解決し望ましい目標を達成するための最善策をとることができる。

怒りや暴力に価値を見出す人はごくわずかだ。しかしある研究によれば、社会病質者や反社会的・逸脱行動を見せる人は、物質的利益やその場限りの満足感を最重要視し、[18] お金や享楽だけに価値を見出している人も少なくない。そのようなタイプの人が信頼、誠実さ、正直さ、優しさ、そして公正さが求められる人間関係において大きなリスクであることは明白だ。

会話に参加する各々の、個人的、対人的、そしてビジネスにおける価値観の足並みが揃わなければ、衝突は免れられない。つまりできるだけ早いタイミングで、相手の価値観を尋ねてみることだ。でもそこには罠が待ち構えている。社会病質者は他者の思考を読むのが大変得意で、相手が求めている言葉を正確に言い当てることができるのだ。また「偽り」の非言語シグナルを押し隠すことにも長けているため、識別するのは非常に困難である。[19]

また人間は腹を立てると常軌を逸した行動に出ることがある。社会病質者のように、感情的に予測不可能となり、建設的な対話を継続することが難しくなる。

それでは自分の価値観を貫きながら、怒りに駆られている人に思いやりを持つにはどうすればいいのだろうか。難しくはあるが決して不可能なことではない。相手に潜在する苦しみや痛みを見つけ、そこに語りかければいいのだ。

つまり「怒りの向こう側」に目を向けなければならない。痛みや苦しみに心から共感することで、私たちの顔に思いやり溢れる笑顔が浮かび、相手の怒りを鎮めることができる。[20]

理想的なのは、相手の怒りが爆発したら「タイム」を入れることだ。しかしそうも言っていられない場合もある。そんなときにはこの質問が役に立ってくれるだろう。

「この人のどんなところを大切に思っているのか」

そして、相手のその素養に向かって語りかけてみよう。我慢できずカッとなりそうになったら、できるだけ早くその会話から抜け出そう。相手には、すべてが落ち着いてからまた話したい、と伝えておくといいだろう。

冷静な状態で会話をスタートさせても、相手のネガティビティに影響される可能性もある。なぜなら原始脳の一部が活性化し、自己防衛と攻撃モードにスイッチが入るからだ。そして一旦、防衛・攻撃モードに入ってしまうと、ポジティビティは跡形もなく消え去ってしまう。そんなときの対処法はなにか?

ある研究結果では、会話に価値観を取り入れることでそのようなネガティブな反応を意図的に抑制し、ポジティブな思考を強制的に生じさせることができる。この方法は、アンガーマネジメントのトレーニングに採用されている他の方法と比較し、より効果があることが証明されている。[21]

口頭でのやりとりでは、話し手はあらかじめ着地点を決めた目標志向であることが多い[22]、と覚えておこう。会話のバランスと公正さを保つには、会話に参加している当事者同士が、それぞれの価値観、意図、目標を明確かつ、正直に伝え合わなければならない。それらを共有することで、コミュニケーションのプロセスがより手際よく進むのである。

6　楽しかった思い出にアクセスする

他者と会話を始めるときには、相手に対する優しさ、思いやり、興味が伝わる感じの良い表情をするのが最善だ。

しかし前章でもふれたように表情にはごまかしが効かない。魅力的な表情を作るには、楽しかった思い出、特に心から愛し尊敬している人と過ごしている時間を思い出すといい。目の周りの筋肉の緊張がほぐれ、やわらかな微笑みが浮かぶだろう。

相手がその表情を見ると、相手の脳内では信頼をつかさどる領域が活性化する。また楽しかった出来事を回想すると、話し手の身体や脳内に快楽ホルモンが放出され、さらなるリラックス効果がもたらされる。大切な思い出を胸に抱きながら相手の目を見つめると、相手には会話をはぐくみたいという気持ちが生まれるのだ。相手の表情がこちらの表情と共鳴し、お互いの充実感と満足感が深まる。

これで他者と有意義な会話をスタートさせる準備が整ったはずだ。準備にかかるのはたったの4分間だ。

まずストレッチ、リラックス、あくびに1分間。そして今という瞬間を意識するために30秒間。インナースピーチを観察・抑制し、内面の静けさを楽しむためのつかの間の数秒間。いちばん深いところに宿った価値観と達成したい目標に集中しながらポジティビティを高める1分間。そして愛情溢れる思い出から湧いてくる喜びと楽しみで心を満たす1分間。

練習を少し重ねれば、1～2分でこの上ない意識の高まりを感じることができるはずだ。

7　非言語シグナルを観察する

「ボールから目を離すな」とは、スポーツやビジネスの世界で良く耳にする言葉だ。それはある意味対人関係でも同様で、会話をする相手の非言語シグナルを見逃さないよう心掛けることが大切だ。かといって、しつこいほどに凝視しては相手を辟易させることにもなりかねない。でも楽しかった出来事に思いを馳せれば、表情は自然と和らぎ、相手に安心感を与えてくれるはずだ。
アイコンタクトは社交性をつかさどる脳領域を活性化させる。[23]また、ストレスによって体内で放出されるホルモン、コルチゾールの分泌を抑制し、共感力や社会的な協調力、そして前向きなコミュニケーション力を向上させるホルモン、オキシトシンの分泌を促進する。[24]
人間には感情を表す7つの基本的表情――怒り、恐れ、悲しみ、嫌悪、驚き、軽蔑、幸福感――があり、大半の人は、相手の顔をほんの数秒見ただけでその感情を察知することができる。

しかしそのためには、自分のインナースピーチに気を取られずに、相手の表情に完全に意識を集中し続けなければならない[25]。

困惑や気まずさ、または後ろめたさで感情を隠そうとしているとき、その本心が表情に浮かぶのはほんの0・25秒程度だ。効果的なコミュニケーションを図るにあたって、微表情を読み取ることは必ずしも不可欠ではないが、こちらを有利にしてくれる。

しかし相手の表情から抱いた印象が必ずしも正確とは限らない。他の非言語シグナルを観察し、相手の意図を正しく理解しているかを直接尋ねてみるといいだろう。だが尋ねるときには少し用心しなければならない。相手によっては、自分の領域に踏み込まれたと感じる人もいるからだ。他人に自分の気持ちを読まれるともなれば、動揺するのは当然だ。

微表情からは、相手が本心を隠していることがうかがえるが、隠している理由までは明かされない。意識的なのかそれとも無意識なのかを推し量ることもできない。気持ちや意図を判断するには、じっくりと会話を深めなければならないだろう。

エクマン博士によれば、微表情を読み取ることができるようになると「ビジネスに有利である。なぜなら、ビジネスパートナーとより効果的なコミュニケーションを築く手助けとなるからだ」。

エクマン博士のウェブサイト（www.paulekman.com）では、微表情を読み取るためのトレーニングツールが紹介されているので、一度試してみてはいかがだろうか。博士は現在、人間が表情を使って感情のバランスを保つための研究に取り組んでいる。

8　感謝の気持ちを表す

会話の雰囲気は最初のひと言で決まることも多いが、そこに褒め言葉を使えば、協力や信頼を得やすくなるはずだ。しかし、ポジティブな口調で会話を始める人は数少ない。

実際、私たちは何かに煩わされているときに発言することが多く、不満の言葉で相手を瞬時に身構えさせていることすら認識していない。会話にはできるだけたくさんの褒め言葉や感謝の気持ちを取り入れる術を身につけるべきだろう。感謝の言葉は肯定的な態度を強く表すものであり、会話をする相手のネガティブな態度を和らげる。[26]

もちろん褒めると言っても単なるお世辞ではなく、心からの言葉でなければ意味がない。メイヨー・クリニックのスタッフはこう述べている。

「人間関係は育てるものだ。優しい言葉や親切な行動で自らの感情を養おう。批判を受けるときは慎重に、そして礼儀正しく。相手が自分にしてくれていることや、自分の人生の一部でいてくれることに対する感謝を伝えよう[27]」

これからは、褒め言葉から会話をスタートし、結びは相手の心に響く深い感謝の言葉で締めくくってみてはどうだろうか。ある研究結果では、相手に対する褒め言葉や感謝の言葉は、会話の冒頭よりも締めくくりのほうが伝わりやすい[28]。

褒め言葉や感謝の言葉が自分の本心であると確認するには「この人のどんなところを大切にしているだろうか」と自分に問いかけてみよう。その答えを考えながら、思い浮かんだことを紙に書き出し、その中で最も尊敬している点はどれかと自問してみる。最も尊敬している点を頭に思い浮かべながら相手との会話を進め、機会があれば、相手にその思いを伝えよう。もしそのようなチャンスがなければ、簡単なメモを渡して伝えるのもいいだろう。思いがけない感謝の言葉を「駆け引きだ」と捉える人はごくわずかだ。

私とマークの友人であり、かつて私の本を出版してくれたジェレミー・ターチャーは、原稿に修正を入れる前に必ずひと言、褒め言葉を口にしていた。その言葉にはいつも心がこもっていて、彼の修正案を素直に受け入れることができた。

そこである日、ジェレミーにこう尋ねた。「私の文章を褒めるのは君の本心なのかい？　それとも心配性の物書きを安心させてやるため？」ジェレミーから返ってきた言葉に、なるほどと膝を打った。「マーク、僕にもさっぱりわからないよ！」

この話の教訓。常に感謝を見せることに慣れると、たとえ最初は礼儀ついでに課したことであっても、思考はそれを真実だと信じるようになる。

9　心から温かい口調で話す

思いやりと感受性を持って心を込めて話すことの大切さは、いくら評価してもし過ぎることはないが、その重要性を調査している研究はわずかである。声の抑揚の違いを聞き分けそれに反応するのは、それぞれ脳内の異なる言語中枢領域であることは判明しているものの、どのような種類の音が特定の感情や気持ちを生じさせるのかは、まだ解明され始めたばかりだ。

２００３年、ある研究者らは、人間の声をマッピングする可能性を模索し始めた。[29] しかし現在では、言葉以外の音声で感情を判断することができるという意見が強まっている。その音声は「アフェクト・ボーカライゼーション（感情発声）」と呼ばれ、怒り、軽蔑、嫌悪、恐れ、悲しみ、驚きを伝える際には、表情以上の効果を持つことがあるとされる。

その一方で表情は、喜び、自尊心、困惑の感情をより的確に表すとされている。[30] 今日までに、多数の感情を表現する声が確認されており、発声者の表情との相互関係も明らかになっている。[31]

相手の表情と声が矛盾していると、正直に話しているのか、信頼に値するのか、判断がつきやすくなるが、声の抑揚に隠れた基本的な感情を識別する方法は未だ文書化されていない。[32] しかしこの研究において、被験対象になることの多い「役者」を生業にしている人たちからヒントをもらってみよう。役者は親しみやすい雰囲気を作ろうとする際に、過去の心温まる会話を思い出しながら行うという。

相手の信頼を勝ち取り、こちらの話に耳を傾け反応してもらうためには、話し声を少し低めにしてもっとゆっくり話すといい。

米ヒューストン大学コミュニケーション科学・障害学部の研究者らによって２０１１年に開発・評価されたこの方法は、がん専門医が患者に検査結果について悪い知らせを伝える際に、患者が最も心強く感じられる伝え方を模索するために活用されている。医師が声を低めゆっくり話すと、患者は医師から「より強い思いやりといたわり」[33]を感じ取るのだ。

私たちは傷ついた心を表し、その傷を癒すために言葉を使っている。だからこそ、自信と共感の心、そして希望を持ち、温かみのある口調で話す方法を覚えるのは理に適っていると言えよう。

10　ゆっくり話す

ゆっくり話すと、聞き手の年齢を問わず理解力が向上し[34]、より尊重してくれるようになる。[35]

また、言語障害がある場合は、ひとつひとつの言葉をゆっくり、はっきりと発音しながら会話を進めることが不可欠だ。[36]

興味深いことに、早口で話す人はゆっくりと話す人よりも有能であると見なされることが多い。[37]しかし私は、話すスピードとは、育った文化から習得され、話し手の真意や欠点を隠すものであると考えている。

英ユニヴァーシティ・カレッジ・ロンドンのジェレミー・ディーン研究員は、私たちが弁の立つ人間に対して慎重になる理由を「ペースの速い口調は聞き手の注意力を散漫にさせ、論拠の不備を見つける余裕を与えない」と述べている。また、互いの同意が必要となるケースで相手に話しかけようとする際にも話すスピードを落とすべきである、としている。[38]

ゆっくりと話すことは意外と不自然に感じられるだろうし、特に幼児は無意識で早口になるものだ。しかし幼児は相手にスピードを合わせて話すため、こちらがペースを落とせば、ゆっくりと話す方法を学習させることができる。[39]また、ゆったりとした口調は不安を抱えている人の心を落ち着かせる効果があるが、騒々しい早口は興奮、怒り、恐れの感情を刺激する。[40]

共感コミュニケーションのワークショップでは、参加者に自身の口調や話し方の自覚を促すため、極端なほどゆっくりと話してもらうことにしている。ゆっくりと話すことによって、それまで習慣化していた行動をより意識しやすくなるのだ。

11　簡潔に話す

すでにご承知のとおり、共感コミュニケーションには基本ルールがある。できるだけ30秒以内で話し終えること、だ。もし相手に大切な情報を伝える必要があるなら、言葉をさらに短く――1～2文に――分けながら話し、相手が理解したことを本人にしっかりと確認しよう。

しかしこのコンセプトを受け入れるのはなかなか難しいはずだ。その理由を説明するのに最も相応しく、かつ現時点で証明されていることなのだが、私たちの思考はあまりに目まぐるしく、伝えたいメッセージの核心を明確に説明できないのである。そのため、インナースピーチが発信する情報の羅列をそのまま口に出して、くどくどと話し続けてしまう。

数世紀前の人々は「書くこと」によってこの問題を解消していた。伝えるべき重要な事柄は、地元の新聞宛てに投稿すればよかったのだ。文章に著すことで思考をまとめることができるのだから、特に重要なミーティングを控えている前には、ぜひ伝えたいことの要点を紙に書き出してみてほしい。

本書ではすでに幾度もふれているが、ここで敢えてもう一度お伝えしておきたい。人の思考は、ほんの少しの情報を30秒間程度しか保持することができない。新しい情報が更新されると、古い情報はワーキングメモリから削除されるのだ。私からのアドバイスは、話すときは1～2文におさめること。そして軽く深呼吸をしてリラックスする。相手が何も言わなければ、また

1～2文ほどに言葉をまとめて伝え、間をとろう。間をとることで、相手に反応の余地を与え、分からないことがあれば質問をする余裕も生まれる。もし30秒間以上話す必要があるなら、話が多少長くなることを相手にあらかじめ伝えておこう。相手の集中力が高まり、インナースピーチで気が散漫になるのを防ぐことができる。

理想を言えば、話す相手にこのコミュニケーションのルールを説明し、1～2文を使った30秒間以内の発言方法を試してみてほしい。実際に行うと、共感コミュニケーションの他項目を試さずとも、短時間で数多くの物事を達成できることに気づかされるはずだ。この30秒ルールは、複雑な交渉や紛争解決に携わる人々にとって重要な役目を果たしてくれる。対立時の緊迫した対話の仲裁に特に効果的だ。

12 じっくり耳を傾ける

他者の話にじっくりと耳を傾け、内容を十分に理解するには、相手の言葉、声の抑揚、しぐさ、表情、そのすべてに意識を集中させること。それは相手へのプレゼントにもなる。他者に話を十分に聞いてもらい、理解してもらうことは、親密な人間関係やコミュニケーションにおいて最も重要視されている価値観だからだ。[41]

相手の言葉が途切れ、会話に間があいたら、相手がたった今話した内容にだけ反応することが大切だ。もし先に話した内容や違うトピックにすり替えてしまうと、お互いの神経学的な「一致」が妨げられ、会話の流れが滞ってしまう。[42]

共感コミュニケーションを実践する際には、相手の話を中断する必要はない。話し続けてもらうことで、相手を理解する大切なヒントを得られるかもしれないからだ。もしかしたら話に夢中になっているのかもしれないし、でなければ自分の感情や考えに囚われているのかもしれない。そのような場合は大抵、相手にはこちらの話に耳を傾ける余裕がないことを覚えておくといいだろう。

それでは重要な事柄を話したいのに時間がないときはどうすればいいのだろうか。神経学的な見解からすれば、これは話し手と聞き手の両者にとってジレンマである。いきなり話を中断されれば相手は自分の領域を侵害されたと思うはずだ。だからこそ、会話をする前に、簡潔に話をすることについて正式に同意しておいてはいかがだろうか。言葉を遮る必要があるのなら、共感コミュニケーションの他項目を取り入れるといいだろう。

例えば、穏やかなまなざしと温かみのあるゆっくりとした口調で、話を中断させるお詫びと感謝を添えながら、「あなたの意見は大切なので中断させるのは忍びないけれど、これから出席しなければならないミーティングがあるため、おいとましなければなりません。その前にあなたに伝えておかなければならないことをしっかりと伝えられているか、確認させてください」

と言ってみるのもひとつの手だ。このような表現は、感謝をもって理解されることが大半である。

またもうひとつ忘れてならないのは、大半の人は話したいと思っている内容を頭の中に溜め込んでいるということである。自分のインナースピーチに夢中になり、大切なことを忘れてしまう前に言葉にしておかなければ、と焦ってしまうのだ。

実際、ある研究によれば、ほとんどの人は相手が話し終わる「前」に、話し始めるのだという。重要な医療情報を注意深く聞く訓練を受けているはずの医師でさえ、20～30秒で、つまり患者が不安になっている理由を説明し終わる前に、患者の話を遮る傾向にあるのだ[43]。

ここでアドバイスを。重要な話し合いに出席している際に、議論が必要以上に長引いているようだったら、一文ずつ交代で話してみることを提案してはいかがだろう。ビジネスプランや治療計画、イベントのプランなどがあっという間に完成することに驚いてしまうはずだ。

会話の相手がとりとめなく話し続けるようであれば、あえて遮る必要はないだろう。相手を詳しく観察する良いチャンスだと思えばいい。相手を観察しながら、自分のインナースピーチの反応に注意を払ってみよう。耳や目に入ってくる相手の言葉や表情の流れに逆らわず、話の内容を記憶する必要などは考えずに。実はそこには相乗効果があるのだ。脳神経のはたらきが向上し、精神的なリラックス状態に入る。つまり瞑想に近い効果がもたらされるのだ。話に退屈しているだけとは雲泥の差である。

自己に内在する「知恵」の話を聞こう

これで共感コミュニケーションの手法を伝える12項目が整った。この方法を使えば、信頼感、共感、協調性をはぐくみながら、ニューラル・レゾナンスという互いの脳神経細胞の共鳴を通じて、素晴らしい会話を築くことができるはずだ。しかしすっかり慣れきっていた会話のパターンを変えるには、それ相応の練習が必要となる。

まずは意識と関心を持って努力し続けることが肝心だ。さもなければすぐに昔の行動パターンに逆戻りしてしまうだろう。機会があるたびにここで紹介した12項目を実践し、家族や友人、職場の同僚らと共有していただきたい。12項目のどれが一番しっくりくるだろうか。調整の必要があればぜひそうしてほしいし、新しい手法を思いついたのであればぜひご連絡いただきたい。

共感コミュニケーションは、現在進行形かつ「オープンソース」の試みであり、これまでに数百人以上の人々からフィードバックが寄せられている。今後ますます発展していくことを期待するばかりだ。

それでは、人間の意識の本質と思考が持つ隠れた能力に関する長年の研究結果に基づき、最後のアドバイスを。自分の直感を信じ、正しいと感じることをしよう。

人間は誰しもが唯一無二の存在であり、人間同士の交流や会話もまた独特だ。人や状況それぞれによって、役に立つコミュニケーション法も異なる。つまり私たちは自身の直感——何気ない会話ではほとんど表に出ない洞察の宝庫——を信じるべきなのだ。

やかましく主張を続ける日常の意識の陰に、賢明な決断を下すことのできる冷静かつ鋭い観察眼を持った自己が隠れている。共感コミュニケーションの12項目を実践し、自己に内在する「知恵」のアドバイスに耳を傾けることで、自らの直感をはたらかせることができるのである。

column

感情的な話し方の影響力

感情的な話し方と脳神経回路との関係を調査する研究を通じ、親身になって話を聞く方法について有益な情報がもたらされている[44]。例えば、もし喜びを表現したいのであれば声にメロディのような抑揚をつけるといい。一方悲しみを伝える場合は、抑揚のない単調な声を使うといい。怒り、興奮、怯えを表すには、声色を高くし語気を強める。

しかし話し手の発声感情が発言の内容に矛盾すると、聞き手は混乱に陥ってしまう[45]。試しに優しい表情と温かみのある声で「私は怒っている」と声にしてみよう。すると相手とこちらの脳神経細胞との間に、明らかな不協和が生じるのである。荒々しい怒鳴り声で「愛している」と言った場合も同様だ。最初はメッセージの意図が紛らわしいだけだが、ネガティブな言葉や口調はポジティブな表現よりも印象が強いため、否定的な言葉や口調が持つとげとげしさは、聞き手だけでなく話し手本人にも怒りや恐れの反応を引き起こしてしまう[46]。

聞き下手さんの行動パターン

全米人材開発機構の前理事長リサ・J・ダウンズ氏によれば、話を聞くことが下手な人の行動には次のパターンが挙げられる。空想（相手が話している話題とは無関係なことを考える）、議論（相手の言っていることに対して心の中で反論する）、判断（ネガティブ思考に影響されるがままとなる）、問題解決（求められてもいないのにアドバイスをしたがる）、エセ傾聴（聞き上手なふりをする）、リハーサル（次に話したいことを考える）、独り占め（自分の目標達成のために会話の流れを変える）、不意打ち（会話の相手に対抗するために情報を集める）、選択的傾聴（自分が興味のある内容にだけ反応する）、自己防衛的傾聴（何もかもが自分に対する当てつけだという被害妄想）、そして回避的傾聴（自分が聞きたくないことに耳を貸さない）だ。

Chapter

9

「共感コミュニケーション」を実践する

本章では、習慣化してしまった非効率的なコミュニケーションスタイルを改め、社会的な人間関係を向上させ、誤解や諍いを未然に防ぎ、お互いの協調性や生産性を高めてくれる、より効果的なコミュニケーション方法を台本形式のエクササイズで紹介していく。

台本は二部構成で、前半は他者と会話をする前の一人用、そして後半はパートナーと共に実践するための二人用となっている。

本章を読み終えたら、この台本エクササイズを異なる3人の人たちと3回ずつ試してみよう。各20分×9回、つまり合計たった3時間の練習になるわけだが、それでもエクササイズの効果や価値を実感し、脳内に新しい神経回路を形成するには十分だ。

これから紹介するエクササイズは、高い意識とリラックス状態を保ちながら、発話の速度とリズムを切り替えられるように工夫されている。つまり、前章で解説した12ステップを、実生活での他者との会話に活用できるようにまとめられている。このエクササイズを続ければ、これから出会うどんな人との会話にも応用が可能だと実感していただけるだろう。

驚かれるかもしれないが、会話の相手は、こちらが「ゆっくりと簡潔に話していること」や「相手の顔の表情を注意深く観察していること」にはあまり気がついていない。いつもと比べて何か変わったところがあるかと尋ねれば、恐らく、いつもより相手の話に集中しながらじっと聞き入っているように見える、と答えるだろう。相手はこちらが聞き上手になったことを「察知して」いるのだ。

そしてリラックスした気持ちになり、こちらの言いたい事柄にも興味を示す余裕を持つ。本人が自覚しているか否かは抜きにして、相手はこちらの意識がその場に存在することを「感じ取って」いるのだ。

実践する前に

台本エクササイズの前半にあたる最初の10分間は、今という瞬間に立ち戻り、自分自身を肯定的に捉え、他者との会話に前向きな姿勢を持つために意識を集中させるリラクゼーション法で構成されている。誰かと話をする前に一人で行うこともできるし、家族、友人、会社の同僚らと試してみるのもいい。

そして後半の10分間は、このエクササイズを一緒に試してみたいというパートナーとペアを組んで行う内容だ。実際に生身の人間と実践することに利点はあるが、相手が乗り気でなければ、必ずしも実用的になるとは限らない。

気難しい人との対話や、家族や友人たちと厄介な問題について話し合う前に、会話の内容をイメージしてみよう。会話の展開をあらかじめリハーサルしておくと、必要な事柄を相手に伝えるための最善策を予測することができる。また脳に、予想される展開をあらかじめインプットしておけるので、実際の会話で脳のはたらきを向上させることも可能だと明らかになっている。

台本を読むときには、じっくりと時間をかけることをお勧めしたい。声を出してゆっくりと一文一文を読み上げてみよう。このエクササイズがさらに意義のある体験となり、より機敏で注意深い意識状態が生まれるはずだ。

読みながら自分の声を録音・再生してみる方法もありだ。コンピュータや携帯電話を使って簡単に録音できる。その際にはできるだけゆっくりと話すことを忘れずに。パートナーと交代で台本の読み聞かせをするのもいいだろう。または友達を集めた少人数のグループで、一人が台本を読み、残りの人たちがそれを真似する方法でも構わない。グループ練習をすると、人それぞれに反応が異なるのが一目瞭然だ。友人らのポジティブな反応が、共感コミュニケーションを実践する気持ちに拍車をかけてくれるだろう。

共感コミュニケーションの台本――前編

それでは早速始めよう。他者や電話の音などに邪魔されない静かな場所で、座り心地のいい椅子に腰を掛ける。ベルや小さな鐘を持っているなら手元に置いて、台本の上のアスタリスク（＊）で鳴らす。

ベルの音は、リラックスしてゆっくりと台本を読みながら間を入れる合図となる。ベルや鐘を持っていなければ、インターネットで「マインドフルネス・ベル」のページ（http://www.mindfulnessdc.org/bell/index.html）を開き、「Play」（再生）ボタンをクリックしよう。

ベルの音には他にも役割がある。静けさの中でのリラックス状態を高めてくれるだけでなく、誰かとエクササイズを実践している場合には、相手が話に時間をかけ過ぎているという合図にもなる。

台本のアスタリスクでは間を長くとってから、次の文章へ移ろう。ベルが鳴っている間は自分の感情、身体の感覚、思考をじっくりと観察し、静けさの中にすうっと消えていくのをただ見送る。実践を続けるうちに、普段の会話でも意識的に間を置くことができるようになるはずだ。また間を置くと、神経学的にも意識が向上し、リラックスの度合や集中力も高まる。

自分で聞こえるくらいの声の大きさで、ゆっくりと一つ一つの単語をなぞるように、そして温かみのある口調で音読してみよう。

ステップ1　何度か深呼吸。鼻からゆっくりと息を吸って、ゆっくり吐き出す。＊顔全体の筋肉をほぐして。おでこや目の周りの力を抜いて。もう一度深呼吸したら、あごの力をゆるめよう。＊首の筋肉をリラックスさせて。＊そしてもう一度大きく深呼吸したら、肩の力を抜いて。両肩を耳に近づけるようにぎゅっと持ち上げたら、すとんと落とす。もう一度。肩を高く上げて、そのままキープしてから、一気に落とす。＊深呼吸をしながら、胸が上下に動いている感覚を感じて。両腕と両手の力を抜きながら、もう一度ゆっくりと深呼吸。この本の重さを手の中に感じよう。そして目を閉じて、上半身の感覚をじっくりと味わおう。＊

ステップ2　ゆっくりと深呼吸をしたら、背中の筋肉をほぐす。背骨の一番上から腰にかけてゆっくり意識しながら、少しずつ緊張がほぐれていくのを感じて。＊何度か深呼吸をして、お腹が上下に動いている感覚を感じる。次に両脚に意識を向けて。両脚を左右に動かしながら、全身が椅子の中に溶け込むような感覚を味わおう。＊今度は意識を両足に。ぎゅっと力んでから力を抜いて、ぶらぶらさせてみよう。次に身体全体に意識を向けよう。全身に力を入れて、5秒数えたら、脱力。もう一度。肩、腕、脚、すべての筋肉を緊張させて。ぎゅっと……力を入れて……脱力。＊ゆっくり深呼吸したら、心の中で全身をスキャンしてみよう。腕、胸、首、顔に、余計な力が入っていないかを確認しながら。そしてもう一度深呼吸をしてから、身体全体の緊張をほぐして。＊全身の感覚を味わい、思考が落ち着いているのを感じ取ろう。

ステップ3　息を吸い込んで、ため息をつくような音を出しながら、静かに吐き出す。それをもう一度繰り返したら、あくびをする。その気がなくても、もう一度あくびをしよう。あくびをするともっとリラックスして、注意力も上がる。1分間あくびを続けながら、回数を重ねるたびに本当のあくびになっていくのを感じよう。＊もう一度深呼吸して、段々リラックスしていることを感じよう。両腕と両脚をゆっくり伸ばして、上体をゆっくりと左右にひねる。それを無言のままで1分間続けて。＊部屋の中の音に意識を集中させよう。それから意識を自分の呼吸に。吸う音、そして吐く音に耳をすまして。＊

ステップ4　心から愛している人、楽しさと喜びがいっぱいの思い出、思わず笑顔になってしまうことや誰かを頭の中に思い描いて。＊顔の筋肉に変化が訪れるのを感じながら、目の周りの筋肉がゆるんでいくのを感じて。数回深呼吸して、今の気持ちをしばらく静かに味わいながら、身体をストレッチしよう。＊

ステップ5　自分に尋ねてみよう。「私のいちばん深いところにある価値観って何？」＊頭に浮かんだ言葉を確認したら、意識を呼吸に向けよう。＊次はこの質問。「私にとって、話を聞いてもらい、理解してもらうことはどれくらい大切？」浮かんだ思考や気持ちに気づいたら、何もしないで、そのままに。＊もう一度深呼吸して、さらにリラックス。＊さあ次の質問。「伝えたいことを上手く伝えるには、どんな声を使えばいい？」浮かび上がる思考を意識したら、そのままに。＊呼吸に意識を向けて、全身の感覚を感じながら、さらにリラックス。＊そして質問。「誰かが話しているときにはどんな聞き方をするのがベスト？」もう一度、頭に浮かんだ思考や感情に目を向けて。＊さらに深呼吸をし、全身を使って大きく伸びをしたら、今という瞬間に立ち戻ろう。＊

ステップ6　話をする相手を頭に思い浮かべて。その人の一番好きなところを考えながら、どんな気持ちになるかを感じて。＊心の中に思いやりを感じながら、深呼吸。さらに深呼吸をしたら、全身でリラックス。＊相手に感謝しながら会話している姿をイメージして。相手のどんなところに感謝しているのかを伝えたら、その顔に温かくてやわらかい笑顔が浮かんでいるのをイメージして。＊今度は、自分が相手から感謝されている場面を思い浮かべよう。どんな言葉が聞こえてくる？＊相手は私のどんなところに感謝してる？＊イメージした言葉から抱いた気持ちを感じ取ろう。＊

ステップ7　今思い浮かべた相手と、思いやりのある会話が自然に始まる様子をイメージ。二人で椅子に腰掛け、ゆっくりと、簡潔に、交代で話している姿を思い浮かべながら、どんなことを話しているのかを想像して。＊一人がひとつ、ふたつの文章をゆっくり話したら、間を置いて、二人の意識を今という瞬間に立ち戻らせよう。それから、もう一人が1、2文をゆっくり話したら、深呼吸をして、二人でできるだけリラックス。＊これから2分間くらい、イメージした会話を頭の中にキープしてみよう。＊

ステップ8　イメージした会話が消えていくのを感じながら、今という瞬間に意識を呼び戻す。何度か深呼吸をして、顔と全身の力を抜いて、意識全体がどのように変化したかを感じ取ろう。＊

他者と会話を始める前に

実際の会話を始める準備はこれで万端だ。誰かと大切な話をする前に、今紹介した台本を数週間練習してみることをお勧めしたい。それから、どんな会話にでも活用できるように、共感コミュニケーションの12項目を軽く思い出してみるといいだろう。インデックスカードに書き写して、いろいろな場所――コンピュータや冷蔵庫、電話の横など――に貼り出している人もいる。

1　リラックスする
2　今という瞬間に注意を払う
3　自分の内面にある静けさをはぐくむ
4　ポジティビティを高める
5　自分のいちばん深いところにある価値観と向き合う
6　楽しかった思い出にアクセスする
7　非言語シグナルを観察する
8　感謝の気持ちを表す
9　心から温かい口調で話す

10　ゆっくり話す
11　簡潔に話す
12　じっくり耳を傾ける

さあ、ゆっくりとした足取りでミーティングルームに入ろう。集中力とリラックスのレベルを意識的に高めるためだ。前向きな態度で相手と挨拶を交わし、これから始まる会話にポジティブな雰囲気を反映させよう。相手の反応を待つ間、その表情やボディランゲージを観察する。そして相手の声の抑揚に耳を澄ませながら、その感情の状態を確認しよう。相手の感情の状態が分かれば、こちらの発言に敏感に反応してくれるかも分かるはずだ。

二人で練習してみよう——後編

前編で会話のイメージを膨らませたら、次は家族、友人、会社の同僚を一人誘って、これから紹介する後編を一緒に試してみよう。

練習のパートナーが決まったら、お互いに近い位置で対面している状態で椅子に腰掛ける。台本は各自音読することをお勧めしたい。まずは、このエクササイズに比較的慣れているあなたが先行するといいだろう。ちなみに後編では、他者を意義のある会話に引き込む術を学ぶことができる。

相手が完全にエクササイズに没頭できるように、ゆっくりと話すことが大切だ。話すスピードに関しては、大半の人はよりゆっくりとした口調を好むが、苦手だという人もいるので、相手にとって理想的な速さを時折確認しながらエクササイズを進めるといいだろう。相手の好みのスピードを意外に感じるかもしれないが、人の好みはさまざまなので、相手、つまり聞き手のニーズに合わせて話し方を調整しなければならない。だから、どんな人と会話をするときにも、好みを尋ねてみることをお勧めしたい。

相手に深いリラックス状態になってもらうため、差し支えがないようだったら、目を閉じてもらおう。台本の一文を読んだ後にたっぷりと間をとって、相手がその内容を理解し、湧き上がってくる感情や感覚に身を委ねるのを静かに待つ。

次の文章に進んでもいいという合図には、人差し指を挙げてもらうといいだろう。人差し指の合図（または鐘の音）は、ゆっくりと話すことや手短に話すことを相手に思い出してもらう際にも有用だ。

ちなみに初めての練習では、お互いの悩みや問題に言及しないように。二人で数回練習を重ねて、互いの悩みや問題が話題になっても、リラックスし、相手に思いやりをもった心理状態を保てるという自信がついてから、試してみよう。練習時のトピックには、お互いが心に抱いている感情や思い、その場にはいない第三者、または、相手の長所などを選ぶといい。

言うべきことや言わざるべきことが分からなければ、自分にこう問いかけてみよう。

「これから話そうとする事柄に、この人はポジティブで思いやりのある反応を示せるだろうか？」

答えが「ノー」であれば、ポジティブな会話を紡ぐ可能性は限られていると言えよう。他の人との会話でも、機会があるたびにこの質問をぜひ活用してほしい。


それでは前編のステップ1〜5から始めよう。パートナーには目を閉じてもらったままで、ゆっくり台本を読み進める。アスタリスクごとに、相手の表情に視線を向けて観察する。表情からリラックス、楽しさ、フラストレーションなど、感情の機微が読み取れるだろうか。相手が何らかの違和感を覚えているようであれば、深呼吸、あくび、そして身体で力が入っている箇所をゆっくりと動かしながら全身をストレッチしてもらう。

ステップ1〜5を読み進めながら、声のトーンを低くして、より柔らかな口調を試してみよう。ステップを重ねるごとに読むスピードを徐々に落としながら。ステップ5まで読み終わったら、一人用のステップ6〜8は省略し、次のステップ9から再開しよう。

ステップ9　目の前に座っている人とその笑顔をイメージして。＊心の中で思いやりや愛情いっぱいの風景を描きながら、意識を呼吸に向けて、全身で深くリラックス。＊あなたが称えたいと思っているこの人の長所は？　それを考えたとき、どんな気持ちになる？＊あなたが高く評価し、尊敬しているもうひとつの長所は？　それを考えると、どんな気持ちになる？＊これから始まる会話は、思いやりと尊敬で溢れていると再確認して。＊その会話を想像して。二人が、順番に、一度に一文だけ、ゆっくりと簡潔に、間をとって話している姿を、思い浮かべて。どちらか一人が話し終わったら、一緒に深呼吸をして、リラックスして、もう一人が話し始める前に、3秒間の間を置いて。＊相手の声が聞こえてくるのをイメージして、相手が何を言ってもどんどんリラックスしてくるのを感じて、話を聞いているうちに、身構えていた心が解きほぐされていきます。＊

ステップ10　会話を思い浮かべたまま、信頼と共感が生まれてくるのをイメージ。会話の自然な流れに委ねて。コントロールせずに。話が自然に展開していくのを見守って。話のポイントをはっきりさせようとせずに。話題が変わっても気にしないで。そのままリラックスした状態で、直感で思いついたことを話して。＊慌てる必要はありません。ただ、ゆっくりと話して……それから間を置いて……ひと呼吸して……耳を傾けて……リラックス……それからまた話して……優しさと愛情に満ちた声で＊

ステップ11　自分に問いかけて。「これから始まる会話に取り入れたい最も大切な価値観は？」＊思い浮かんだ思考や感情を観察したら、消えていくのをじっと見守って、そして今という瞬間に立ち戻りましょう。＊喜び、楽しみ、幸せがこもった出来事を思い出して。＊顔が自然とほころぶのを、目の周りの筋肉がゆるんでいく感覚を、感じ取りましょう。＊

ステップ12　ゆっくり目を開けたら、相手の目を優しく見つめましょう。＊感謝や褒め言葉から会話を始めて、相手からの褒め言葉に聞き入って。＊相手が言うことを判断せずに。あなたの中にある幸福感に意識を集中させましょう。＊会話が自然に生まれてきたら、一文だけ話して、それから間を置いて、リラックス。相手の話にじっくり耳を傾けて、言葉が途切れたら、深呼吸をして、リラックス。＊思い浮かんだことを言葉にしましょう。その前に、自分にこう問いかけて。「私の言葉にこの人は優しさと感謝をもって答えてくれる？」＊もしそうでないなら——相手を身構えさせてしまうと思うなら——もう一度大きく深呼吸して、新たな思考が浮かんでくるのを待ちましょう。＊少なくとも5分間は会話を続けて。話したら、ひと呼吸置いて、リラックスしながら相手の話に耳を傾けて。＊そして、褒め言葉や感謝の言葉で会話の幕を閉じましょう。

それでは台本を脇に置いて、一緒に練習をしたパートナーと会話を始めてみよう。力むことなく、自然な会話の流れを楽しめるはずだ。お互いが一文ずつしか話さないこともあってか、これまで一度も話し合おうと思わなかったことにまで、会話がするすると進んでいくことに驚かれるかもしれない。ゆっくりと会話を進めていくうちに、話題は時として、深い感情、仕事上の悩み、過去に起きた出来事など、予期せぬ方向に発展することもある。ひときわ心に残っている思い出が蘇ることもあれば、会話をしている全員にとって大切な物事について話し合うこともあるだろう。

もちろんこれといった話題が思い浮かばないことだってあるはずだ。そんなときはリラックスしたまま、「無会話状態」に身を委ねよう。

このエクササイズの目的のひとつは、いつ何時でも大切なことや意味のあることを話さなければならない、という思い込みを覆すことだ。会話に対してニュートラルでいられれば、落ち着いた態度が会話にプラス要素をもたらしてくれる。本質的に言えば、誰かと一緒にいる状態で、言葉以外でのつながりを邪魔しようとするさまざまな思考に煩わされることなく、今に注意を払う術を学ぶことになるのだ。

お互いに無言で見つめ合いながら、自己のインナースピーチをじっくり観察するだけでも、心理学的および神経学的なメリットが十分にある。

次回共感コミュニケーションを練習するときも、会話があらゆる方向に展開していくことに驚きを隠せないだろう。練習を重ねるにつれ、話す言葉の長さを2~3文へと少しずつ増やしてみるのもいい。その際には、相手が完全にこちらの話に聞き入っていることを必ず確認しよう。相手の集中力が散漫になっているようであれば、言葉に間を置いて。それが相手の反応を確かめるタイミングだ。

場合によっては30秒間以上話し続ける人もいるかもしれない。そんなときには、次のいずれかを試してみよう。一人芝居を続けていることに相手が気づくかどうかを静観する。または、自身のインナースピーチの反応を観察する。このエクササイズは実践的かつ体験的な学習であり、練習を重ねるごとに、それまでは気づかなかったコミュニケーションのさまざまな側面を直感的に認識できるようになる。

もし延々と話し続ける人がいたら、共感コミュニケーションを使いながら、「話し続けている」ということを会話の話題にしてみよう。温かい口調で、手短にこちらの気持ちを伝える。多くの人には身体にしみついた無意識のクセや習慣があるものだ。そのクセや習慣に変化が訪れるまで、何度も共感コミュニケーションを活用しながら相手を優しく諭していく必要があるだろう。

深い話をしてみよう

もしお互いが同意するなら、より親密な会話を楽しんでみよう。会話をスタートさせてから5～7分後を目処に、そして深い話にかける時間は5分以内におさめるといいだろう。会話を終了させるときには互いへの褒め言葉や感謝の言葉を忘れずに。その後に相手と、お互いにどんなことを学んだか、このエクササイズにはどんな価値があると思うか、普段の会話でも活用できるポイントは何か、など感想や意見を交換しよう。

心の準備ができたと思ったら、二人の関係における困難な問題について話し合ってみることも可能だ。大抵の場合、一人は議論に飛び込む準備ができているが、もう一人は躊躇することが多い。そんなときは無理を言わず、共感コミュニケーションをもう数回試してみることだ。

何か心配事があれば、練習しているときにそれを相手に伝えるのが得策だ。なぜならその状態は、対立や問題について議論する際に必要な基本ルールをあらかじめ決めておくのに、理想的だからだ。共感コミュニケーションを使いながら、例えば一人がひどく動揺した場合にはどうすればいいか、など双方が納得できるルールを決めておこう。

お互いへの信頼と尊重を大切にしながら、協力して自分たちのルールを決めることができる点がこのエクササイズの長所だ。そのような特性がなければ、コミュニケーションのプロセスは滞ってしまう。

大抵の会話は楽しく前向きに始まるものだが、予期せぬ不安をもたらすこともある。例えば、相手が何を言うのかが不安で仕方がないというカップルもいるということだ。もし何かしら気がかりなことがあるのなら、このエクササイズを通じて、その気持ちを相手と共有するといいだろう。5〜10回ほど練習が必要になるかもしれないが、解決に向けて徐々に進展していくはずだ。

もし進展が見られないようなら、セラピスト（ビジネスでの対立ならば、エグゼクティブ・コーチ）の助けを借りるといいだろう。そこでも共感コミュニケーションを忘れずに。特に第三者が関わってくる場合は不可欠だ。

不安や焦燥感に苛まれている人は、あらぬ発言で相手のフロー「日常において好きなことに完全に熱中しているとき、そのこと自体が楽しく、それ以外のことや時間が気にならなくなる状態のこと」を阻害してしまうことがある。そのようなケースでは、完璧に使いこなせるようになるまで共感コミュニケーションを活用するのは控えてほしい。まずは不安や焦りの理由を明らかにして、次章で取り上げる「架空の口論」を題材にしたエクササイズを試してみよう。

そして、台本エクササイズを続けたいというカップルにアドバイスを。毎週何回ずつ練習するかを一緒に決めておこう。週5〜7回が理想的だ。もし自分かパートナーが時間を取れないようであれば、一人でステップ1〜8を練習し、次回二人で話をするときに相手に伝えたいことをあらかじめリハーサルするといいだろう。

練習の感想を日記につけることでエクササイズの効果が高まるが、愚痴は書き込まないように。ある研究では、不満を書き連ねることは、内面の葛藤や不安を増幅させる破壊的な行為だと明らかになっている。[1] 日記をつける際には、前向きな解決策に関する考察や順調な進歩状況を記録しよう。

私たちは思うほどに話をしていない

ぜひできるだけ数多くの人たちとこのエクササイズを試していただきたい。最初は友人と、それから家族と試してみるのがいいだろう。もし子どもがいるなら、自分よりもすんなりと受け入れる姿に驚いてしまうかもしれない。その点については後の章でふれるが、あなたの驚きは私も経験済みだ。

友人、家族と続いたら、職場の同僚とも試してみよう。実際、共感コミュニケーションはビジネス界で幅広く受け入れられている。また私の研究仲間も、企業経営、教育訓練、販売の現場に共感コミュニケーションの構成要素を導入する方法について数々の論文を執筆している。企業の経済的成功には、簡潔さ、明確さ、信頼、そして連携が不可欠であり、社内におけるそれらの素養を高める具体的な対処法が企業方針に取り入れられている。

共感コミュニケーションを教えるのは簡単で、正式なトレーニングはほとんど必要ない。実際のところ、一人や二人と言わず、グループ学習に活用することもできる。たった一度の練習でもグループのチームワークを向上させ、社会や職場における問題解決を好転させてくれるはずだ。

グループワークや学校の授業に共感コミュニケーションを採用する最大のメリットは、そこから得られるフィードバックだ。最適なコミュニケーションスタイルとはどのようで「あるべきか」というディスカッションから、将来的な問題や対立を効率よく解決する、より具体的で新しい方法が次々と生まれるのである。

私たちは「話すこと」を滅多に話題にしない。しかし最も身近な人々とは話し合うべきであろう。次章で紹介するエクササイズをパートナー、子どもたち、そして親友や一番仲の良い同僚と試してほしい。相手に尋ねてみよう。

「二人の関係をもっと良くするために、あなたへの接し方で私に変えてほしいところはありますか？」

私の経験では、この質問を受けた人は皆一様に嬉しそうな表情を浮かべる。関係を向上させるアドバイスをする機会が与えられるからだ。やはり誰だって自分の人間関係や恋愛関係をより深めたいと思うものだ。それでも、話す相手に先ほどのような質問をしたことがあるかと尋ねれば、手を挙げる人はごくわずかで、かえってぎこちない笑いが起きる。その質問をしたら相手に何と言われることかという不安が表れているのだ。

つまり、私たちは自分が思っているほど話をしてもいなければ、人の話にも耳を傾けていない、と内心気づいている証ではないだろうか。

共感コミュニケーションを試す際には、このトピックをぜひ取り上げてほしい。円滑なコミュニケーションを図るために互いに何ができるかを話し合ってみよう。私の経験では、二人とも相手のニーズに合わせようと精一杯の努力をするはずだ。そして次回共感コミュニケーションを試すとき、自分のコミュニケーションスキルがどれだけ進歩したか、相手に尋ねてみよう。

共感コミュニケーションの12項目に慣れ、エクササイズが習慣になったら、ルールを緩めていただいて構わない。何だかんだ言っても、他愛のない雑談は本当に楽しいものだ。それでもちょっとした意識を持つことで、うわべだけの会話でも喜びや満足感が味わえる。

最後になったが、ぜひ皆さんのご意見をお聞かせ願えればと思う。このエクササイズでどんなメリットが得られたか、どんな問題にぶつかったか、あなた独自のバリエーションや新しく思いついた対処法など、どんなことでも構わない。皆さんから寄せられたアイデアは、実践・実証後に、私のオンライン・コミュニティで紹介される予定だ。

私の目標はこれまでと変わらず、生活にささやかな安らぎを求める人々が、他者との会話でもその安らぎをはぐくめるよう手助けをすることだ。あなたの協力を仰ぎながら、この世界に平和がわずかでも広がることを願って――。

column

見知らぬ人との共感コミュニケーション

大半の人は、よく知りもしない相手と親密になり過ぎるのは軽率だと考えるかもしれない。しかし米サザン・ミシシッピ大学が実施した研究で被験者の学生に任意でペアを組ませたところ、親しくない人と会話をすることによってストレスが軽減され、心血管の健康状態が改善されることが明らかとなった[2]。

応用編

「共感コミュニケーション」を活用する

Chapter

10

──パートナーとの共感コミュニケーション

本章では、気になる相手をデートに誘いたい、パートナーとより親密な関係を築きたい、見知らぬ人に対する共感力を高めたい、私生活の問題を解決したいなどさまざまな場面における共感コミュニケーション活用法を、例を挙げながら紹介していく。

言葉を処理する能力は脳によって異なるため、個人のコミュニケーションスタイルはその人独自のものである。つまりどんな会話にも、創造性とオリジナリティに溢れた展開を見せる可能性があるのだ。私たちは普段使っている言語や言葉を画一化しようと試みるものだが、実際にはほぼ不可能であると示す研究結果もある。

同じ単語であっても、理解している意味は人によって異なり、発声の仕方も個人特有だ。それに、できるだけ発言を控えたいという人もいれば、おしゃべりに花を咲かせる人もいる。うわべだけの会話を好む人もいれば、相手と心から打ち解けて個人的な事柄を徹底的に語り合いたいという人もいる。

そんな好みや行動の違いが相手との間に誤解を招き、ひいては心の痛み、怒り、失望につながりかねない。

共感コミュニケーションが前提としているのは、いかなる会話――私たちが発するあらゆる言葉――も、言語と非言語シグナルによって構成されており、そこに込められたメッセージをしばしば見逃してしまうという点だ。

しかし今という瞬間に意識を向けることで、批判や判断を押しつけないという明確な意図と、相手をもっと理解したいという心からの願いをもって、他者との会話に臨むことができる。

共感コミュニケーションは会話という枠に留まらず、会話の当事者同士が対話や沈黙の中で作り出す「空間」にも言及している。共有している空間を尊重することができれば、さらに親睦を深めながら、のびやかな意識の高まりを感じられることだろう。

最初のデート

共感コミュニケーションの効果を最大限に実感してもらうには、やはり初対面の相手との会話が最適だろう。インナースピーチを黙らせ、初対面時に当然つきまとう不安を抑えてくれるはずである。

さらにリラックス効果で心をオープンにしてくれるので、警戒心を与えることもない。そもそも相手と信頼関係が築けるのかまだ確かではないのだから、初対面のときこそ相手をしっかりと観察したいものだ。

次に紹介するのは、ある男性が、前妻と破局した後に知り合った女性との初デートで共感コミュニケーションを活用した実例だ。

ジョージは悩んでいた。妻とは別居し一人暮らしをしていたのだが、ある女性とデートすることになったのである。自分をこれほど無防備だと感じたのは久しぶりだった。頭の中ではいくつもの声が飛び交っている。

「僕はまだイケてるか？　デートを成功させるにはどうすればいい？　ああ！　中年男の身体に閉じ込められたティーンエイジャーになった気分だ」

その声は延々と続いた。

付き合うわけじゃなくただのデートと考えればいいじゃないかと思ったものの、ずっと一人で週末を過ごすことにはもう耐えきれそうになかった。これから会う女性マーシーも夫と離婚調停中で、地元の出会い系サービスを通じて知り合ったのだった。

ジョージは待ち合わせ場所がある地元の公園へと車を走らせた。公園に到着して車を降りると、マーシーが現れるのをじっと待った。心臓は激しく波打ち、頭の中のインナースピーチは止まることを知らず、恐れと不安でアドレナリンが全身を駆け巡っていた。

若き日のジョージは、遊び人でデートなど日常茶飯事だった。女性をその気にさせる術や口説き方も心得ていたが、最後にベッドを共にするのはいつも自分とは合わない女性――ジョージと同じくらい誰かと親密になることを怖れている女性――ばかりだった。結婚したのは美しい女性だったが、どうしても親密な関係が築けず、いつも口論が絶えなかった。

もう同じことを繰り返したくない、そう思ったジョージは以前とあるセミナーで紹介された共感コミュニケーションのエクササイズをこのデートで試そうと考えた。約束の30分前に公園に到着しベンチに腰を下ろすと、リラクゼーション・エクササイズを始めた。

ジョージは自分の思考を観察し始めた。不安が湧き上がるたび、大きく深呼吸をして心を落ち着かせる。批判を繰り返すインナースピーチに向かって「お前の言葉など信じるものか！」と心の中で叫んだ。

20分が経過してようやく心が穏やかになると、マーシーの姿を思い浮かべながら、リラックスして会話を楽しむ自分の姿を思い描いた。さらなる不安が押し寄せてきたが、それをかき消し、ポジティブな思いを胸に抱いて何かを確信するように自身にこう断言した。

「心配することはない。無理に相手をリードする必要なんてないんだ」

ベンチから立ち上がると待ち合わせの場所に向かっておもむろに歩き出した。ゆっくりと歩を進めながら、美しく咲き誇る花々を眺め、木々の葉を吹き抜ける風の音にそっと耳を澄ました。今という瞬間を全身で感じようとしていたのだ。

するとベンチに座っているマーシーの姿が目に入った。また不安の言葉が次々と脳裏をかすめたが、それを打ち消すためにマーシーの姿をじっと見つめた。それからマーシーに近づき挨拶を交わすと、楽しく会話を始めた。

しかし心の中にはまだ葛藤があった。遊び人時代の口説き文句を無意識で口にしているのではないかと心配になったのだ。心のうちすべてをマーシーに伝えたかったが、そのリスクが高いことは承知していた。初めてのデートならなおさらだ。それでも当たって砕けてみるか、ジョージはそう決意した。

「最悪なことになってもたかが知れてるさ。自分の気持ちを素直に伝えてそれで振られるなら本望だ。本当に僕を知りたいと思っている女性をまた探せばいい」

そしてマーシーに向かって話し始めた。

「君がよければ、ちょっとした実験を試してみたいんだ」

「何を考えてるの？」マーシーの口調は慎重だった。

「この間ワークショップで教わった方法を試してみたいんだ。数分間だけ、その方法を使いながら一緒に話をしてくれないかな。ルールはシンプルでね。ゆっくりと手短に話すこと。それからできるだけリラックスすること」

「わかったわ」

マーシーはそう答えたが、ジョージは彼女の声に動揺を感じ取っていた。それはある意味ジョージを喜ばせた。昔の彼ならばそんな微妙な変化に気づかなかったからだ。

「それじゃ僕から始めよう。僕の不安な気持ちを君とシェアしたいんだ。いつもは取り繕ってばかりだけれど」

マーシーの顔に浮かんだ驚きの表情を見た途端、ジョージはさらにナーバスになった。「やっぱり大間違いだ」

しかしマーシーが口にしたのは予想外の言葉だった。「あなたの気持ちは分かるわ。教えてくれてありがとう。これまでデートした男性はみんな本当の気持ちを言おうとしなかったから」

ジョージは胸にほんわりとしたぬくもりを感じ、笑顔になった。二人はそれから20分間、相手に感情を伝えることの難しさについて語り合った。そうしているうちにジョージは目から涙が溢れてくるのを感じた。

「こんなことを君に言うのは怖いけれど、それでもとにかく言うよ。女性の前でこんなに心を開いて正直になれたのは生まれて初めてだ」

マーシーも目を潤ませていた。そして手を伸ばすとジョージの腕に触れてこう言った。

「その気持ち分かるわ。夫とは喧嘩ばかりしていて、こんなに親密な時間を過ごしたことなんてほとんどなかったの。なのに、初めてのデートでここまで親しくなれるなんて！」

それから三時間、親しげな会話がゆっくりと続いた。互いに不安や怒りを感じたときは共感コミュニケーションを使おうと話し合った。

最終的に二人はめでたく結婚したのである。

最後のデート

共感コミュニケーションを活用したからといって、必ずしも恋愛関係が生まれるとは限らない。

実際、二人の人間が心の中の本当の感情を分かち合う――互いを尊重しながら互いの価値観を共有する――と、相手とは相性が合わないと気づくこともある。しかし共感コミュニケーションを活かし、セラピストの助けを借りながら、友好的な関係を保ったまま袂を分かつこともできる。

トルーディーとボブは結婚5年目を迎えたカップルだ。二人の性格は夜と昼ほどにまるで違っていた。トルーディーは子どもと動物が大好きだったが、ボブはいずれも興味がなかった。トルーディーはスピリチュアルな本や自己啓発本を読み、セミナーにも参加していたが、ボブは宗教と名のついたものには批判的で、仕事で溜まったストレスの発散にテレビを観るのが日課だった。何でも話し合うのが好きなトルーディーと何にでも文句をつけたがるボブ。トルーディーはいつも物事を前向きに考えるタイプだったが、ボブはいつも将来を悲観していた。政治観すらも正反対だった。

二人の間には次第に敵対心が生まれ、とうとうトルーディーはうつ病になったボブを連れ、カップルセラピーのドアを叩いた。しかしセッションが始まってから最初の一時間、ボブはセラピストに向かってトルーディーの口うるさい性格について不満をこぼし続けた。

そのセラピストは共感コミュニケーションのトレーニングを受けたことがあり、ボブの言葉を遮るようにこう質問した。

「ボブ、君が最も大切にしている価値観を教えてくれるかい？」

ボブは質問に驚きながら答えた。「正直さ、だろうね」

「人間関係では？」セラピストは続けた。

「敬意だ！」ボブが即答すると、セラピストはさらにこう続けた。

「ボブ、トルーディーに口うるさいと伝える君の正直さは分かるよ。そこで聞かせて欲しいんだけど、君が文句を言っているとき、トルーディーに敬意を払っているのかな？」

「いや、払ってはいないだろうね」ボブは決まりが悪そうにつぶやいた。

セラピストはトルーディーに向かうと続けた。

「正直さと敬意。あなたはボブの価値観をどう思う？」

「大切だと思うわ。でもボブが私に敬意を払ったことなんて一度もない気がするけど」そう強く言い放ったトルーディーの声には敵意がこもっていた。

「トルーディー、人間関係においてあなたが最も大切にしているものは？」

「優しさと親密さ」トルーディーはすぐさま答えた。

「ボブ、トルーディーの価値観をどう思う？」

「僕も彼女に賛成だ」

「全員同じ意見だね。それではお互いの悩みを二人で話し合ってみよう。正直に。でも優しさと敬意を忘れずに。二人ともできるかい？」二人は黙って頷いた。

「すばらしい！　でもまずお互いに対する怒りを鎮めるエクササイズをしてから次に進もう」

二人は同意し、セラピストの指示に従いながら共感コミュニケーションの最初の数ステップを行った。どちらにも穏やかな表情が浮かんだのを見計らったセラピストは、各々が最も大切にしている価値観を話し合うように促した。

「今日はそれ以外の話はしないで。お互いが優しさと敬意を持って話せるようになったら、他の問題についても話し合いましょう」

そして二人に共感コミュニケーションを解説した。

「それではお互いに、相手の一番好きなところや尊敬しているところを言ってみようか」

長年相手に感謝や優しさを見せていなかったトルーディーとボブは、答えに手間取っていた。

先に口を開いたのはボブだった。

「君は僕のベストフレンドだ。君になら何でも話せるし、君も僕の話をしっかり聞いてくれる」

トルーディーは心から感動したようだったが、内心ではその言葉を疑っているようだった。

そこでセラピストは彼女に、楽しかった記憶を思い出しながら深呼吸をしてリラックスするよう促した。

「私が好きなボブの良いところは、「正直さ」」トルーディーはセラピストを見つめながら続けた。

「彼を信頼してるわ。前の夫はこれほど信頼できなかった」そこでセラピストが言った。

「トルーディー、ボブの目を直接見つめながら同じことをもう一度言ってもらえるかな」

トルーディーがボブを見つめると、ボブは優しく微笑み返し、二人の間に親密な空気が流れた。しばらくしてトルーディーは手を伸ばすと、ボブの手にそっと自分の手を重ねた。

20分後、セラピストが二人に今の関係に対してどんな気持ちを抱いているのかを尋ねると、二人とも希望を持っていると答えた。

最後に、これから毎日20分間話をすること、話をするときにはお互いの価値観を尊重することという約束事を決めてその日のセッションは終了した。

その後の2カ月間で二人に大きな変化が訪れた。

ボブはほぼ慢性化していたネガティブな感情を遮ることができるようになり、トルーディーは批判的なインナースピーチに囚われなくなった。トルーディーは自身のインナースピーチを観察しながら、自分が——彼女の母親もそうであったように——男性を遠ざけるために批判的な態度を取っていたことに気づいた。それが彼女なりの危険回避だったのだ。それにリラクゼーション・エクササイズをするようになってからは、心配症だった性格も少し落ち着いていた。

二人の関係は新しい花を咲かせそうだったが、トルーディーはまだ心の中でむなしさを感じていた。自分とボブの人生の目標が違うのではないかと思い始めていたものの、それをボブに面と向かって伝える勇気はなかった。ボブが心から愛してくれているのを感じていたからだ。だからボブに、一人で暮らしたほうが幸せじゃないのか、と尋ねられたときにはすっかり驚いてしまった。ボブは、相手の顔の表情を読む共感コミュニケーションを実践しながら、トルーディーの本心を直感で感じ取れるようになっていたのだった。

またボブは、自身の心の底にある感情、願望、目標を内省し、それを毎日日記につけることをセラピストと約束していた。トルーディーとの会話をイメージして苛立ちがおそってきたら、それを遮るようにとも伝えられていた。実際ボブは、始終怒りを抱えていたわけではなかった。

その状態にすっかり慣れきってしまい、どれだけ自分の身体に染みついていたのかを自覚していなかっただけだ。自分は惨めかと自問自答しても、答えはいつも「ノー」だった。本当の気持ちをポジティブな言葉にし、その力でネガティブな感情を打ち消せるようになったボブは、態度やムードが一変し、少しずつ自尊心を取り戻し始めていた。

共感コミュニケーションを体得すると、余計な判断や批判を下すことなく、素のままのパートナーを見つめられるようになる。こうあってほしいという理想の姿ではなく、本来の人となりを知ることができるのだ。

ボブとトルーディーは、お互いに相手の機嫌ばかりをうかがって、自分が本当に求めているものを蔑ろにしていたことに気づいたのだった。

残念ながら二人の関係は行き詰まりを迎えていた。政治観や宗教観があまりに違いすぎて、お互いの社会生活にまで影響を及ぼしていた。それぞれの趣味や興味のために一人で行動する時間が増え、二人の間にあった恋愛感情は次第に薄れていった。今までどおり友達ではあったが、もうそれ以上の気持ちにはなれなかったのだ。

そして二人は共感コミュニケーションを使って話し合いを進め、離婚届を提出した。慰謝料はなく、お互いへの敬意と公正さをもって財産を分け合うことで合意した。

それからしばらくしてセラピストの元に朗報が届いた。ボブとトルーディーはそれぞれ新しいパートナーを見つけ、二組のカップルは友人同士になったという。

トルーディーが不安になることはほとんどなくなり、ボブの陰鬱さもすっかりどこかに消えてしまった。ボブは数年ぶりに仕事が楽しいと感じられるようになり、テレビ以外の娯楽に興味を持ち、人生で初めてレクリエーション活動に参加するようになった。

パートナーとの関係をはぐくむには

信頼は人間関係において最も重要な要素のひとつである。関係の命運を握っていると言っても過言ではないだろう。パートナー間の信頼により二人の関係は成長するが、信頼がなければ成長することもない[1]。信頼が欠けると衝突が生じやすくなり、衝突は心理学で言う「分離不安」を招く[2]。つまり、口論や感情むき出しの議論が起きると、人は精神的な安全を感じられなくなるのだ。

自尊心の低さや拒絶されることへの恐れも、お互いの信頼を損ね、関係を不安定にさせる[3]。実際、不安や自己不信の表現はいかなる場合においても、愛するパートナーや職場の同僚に、対人関係の問題に対処しきれないことを露呈してしまうようなものだ[4]。なぜなら、互いの前頭葉で起きている相手との神経的な不協和によって生じる否定的な表情から悟られてしまうのである[5]。

人間関係は、ポジティビティ、尊重、協調性、そして信頼があってはじめて成長する。その要素が揃えば、恋愛でもビジネスでも、習慣と化したネガティビティや自己猜疑心が入り込む余地などないも同然なのだ。

対立は脳にダメージを与える

夫婦間の諍いでは、片方が相手に背を向けるか、対峙しようとするケースが大半だが、いずれも健康へのリスクが高いのをご存じだろうか。ストレスが増加し、脳と心臓血管系に損傷を与えるホルモン、コルチゾールの値が上昇するのだ[6]。米ユタ大学で行われた研究では、「夫婦が対立関係にある場合、協力関係にある場合と比べて、血圧、心拍出量、心臓交感神経活動に大きな上昇が見られた[7]」。

怒りや敵対心は人間の自然治癒力さえも妨げてしまう。

米オハイオ州立大学医学部の研究者らは、既婚カップル42組を対象にある実験を行った。被験者全員の腕に小さな水ぶくれを作り、自然治癒の早さを観測したところ、互いに敵対心のあるカップルはそうでないカップルに比べ、完全治癒までに約2倍の時間を要していることがわかった[8]。怒りが何の得にもならないのは火を見るより明らかだ。

一方、好意的なコミュニケーションを行っているカップルでは、治癒が早まっただけでなく、脳内で放出される愛情ホルモン、オキシトシンの濃度が上昇した。[9]

ここで私からアドバイスがある。パートナーへの敵対意識が高まってきたと感じたら、できるだけ肉体的、精神的にリラックスしてみよう。もしそれが無理であれば、緊張をほぐすために少し時間が欲しいとパートナーに伝えよう。ストレスホルモンは、最短で10分、最長1〜2日で体外に排出される。

「タイム」を取ることにあらかじめ同意しておくのは、心に溜まったストレスが口から溢れてしまうのを未然に防ぐ安全弁のようなものだと思ってほしい。

対立が激しいと感じる場合は、第三者——セラピストや友人、職場であれば中立な立場を保てる同僚——に会話の仲裁役をお願いしてみるといいだろう。両当事者の発言や行動にネガティブな要素が見られたら、それを指摘してもらい、前向きで協調性のある言葉に言い換えるように諭してもらう。また、二人が話すスピードを観察し、いずれかが間を置く必要があれば、ベルを鳴らしてもらうといいだろう。

米ロチェスター大学で実施された研究によれば、会話の最中に感情をコントロールできるようになればなるほど、ストレスを最低限に抑えながら、対立関係をより早く解消することができる。[10]

想像力を磨くエクササイズ

衝突を避けることはなかなか困難ではあるが、相手のしぐさ、表情、声の抑揚が教えてくれる非言語的なヒントに気づくようになれば、かなり高い精度で対立の可能性を予測することが可能だ。また、自身のインナースピーチや緊張度に注意を払うようになれば、その状況下の自分にとって何が地雷なのかを自覚することもできる。

そこで活躍してくれるのが想像力である。相手との会話をイメージし、衝突が起きそうであれば、あらかじめ解決策を準備しておこうというわけだ。

それではそんな場合のための想像力を磨く効果的な方法を紹介しよう。まず共感コミュニケーションのエクササイズのように、椅子を2脚用意する。片方の椅子に腰掛け、空いている椅子に向かい合わせになりながら、そこに対立関係にある人が座っていると想定する。

次に、想像される議論をイメージしながら、会話の結末を見届ける。結末が気に入らなければ、声のトーンを変えるなど、コミュニケーションスタイルを変えてもう一度試してみる。褒め言葉を伝えたときの相手の反応を想像してみよう。

次に、こちらが怒りをぶちまけたときの相手の反応をイメージし、自問する。「これが実際の会話だったとしたら、どんな結果を招くだろうか?」

そうすることで、実際の会話では役に立ちそうにもない話し方をあらかじめ切り捨てておくことができるのだ。それに話し方を変えるだけで、もっと良い結果につながる可能性もあると気づかされるのではないだろうか。

満足できる話し方に辿り着くまで1時間近くかかるかもしれないが、何の心構えもなく相手と対峙するよりもはるかに効果的であることは保証しよう。

この「空席エクササイズ」は、過去に紹介されてきた他の紛争介入法よりも成果を上げている。[11]

それではその効果をさらに高めるための「ウォームアップ・エクササイズ」を以下に紹介しよう。

旧友、恋人、会社の同僚など、誰かを一人思い浮かべる。その人がこちらにやって来て、あなたを動揺させるような暴言を口にすると想定してみよう。または誰かに傷つけられたり憤ったりした遠い過去の出来事を思い出してみる。

同じ人が再びこちらにやってきて、あなたをさらに誹謗中傷する姿をイメージする。過去の記憶を使いながら、怒り、心の苦しみや悲しみを呼び起こす。心に湧き上がる否定的な思考や感情に意識を集中し、身体のどの部分に最も影響を与えているのかを感じ取る。顎が力んでいるだろうか。誰かを拳で殴りたい気分だろうか。それとも逃げ出したい気持ちだろうか。その気持ちを煽ったら、「30秒間だけ」維持する。

次に人に暴言を吐かれたときの自分の普段の反応を考察し、どんな気持ちになるかを感じ取る。数回深呼吸をして全身をリラックスさせ、今思い浮かんだ思考や感情が消えていくのを傍観する。

それから自問してみよう。

「誰かに暴言を吐かれたとき、最も理に適った反応は?」

頭に浮かんだ思考を確認したら、深呼吸をしてリラックスする。

そして再び、普段の自分が誰かに、イライラしたり、怒ったり、心が傷ついたりする暴言を吐かれている場面を想像する。動揺する代わりに、完全に冷静な自分の姿をイメージする。二人は向かい合わせで立っている。相手はこちらに向かって叫び続けているが、あなたは十分に冷静でリラックスしている。どんな罵声を浴びせられようと、幸せと喜びと安らぎに満ち溢れている状態だ。実際に穏やかさを感じられるようになるまで、二人の姿とその場面をイメージし続けよう。

そして怒りに震えている相手を観察する。怒りそのものではなく、その原因に焦点を当てよう。痛みや苦しみが感じられたら、静かに大きく深呼吸をして身体の力を抜く。それから実際に声を出しながら相手に話しかけ、こちらの理解と愛情が伝わるぴったりな言葉を探してみよう。

そのときの自分の気持ちを感じ取ったら、数回身体をストレッチしてから、今という瞬間に意識を立ち戻らせる。

このウォームアップ・エクササイズを続けていくうちに、実際の会話でも肩の力が抜け、落ち着いた状態を保てるようになる。その成果として、家庭と職場それぞれの環境において、人間関係の悩みや不満が減少し、相手をさらに尊重するようになり、より満足のいく解決策が見つかった、とある研究は示唆している。またその効果が最低1年以上持続することも明らかになっている。[12]

愛する人――または友人や同僚――と対立関係の解消に向かう対話をする心構えができたら、人間関係、コミュニケーション、愛情、それぞれにおける自分の価値観を守りながら、相手の長所や尊敬できる点にしっかりと目を向けることが大切だ。

その場にふさわしい雰囲気を

共感コミュニケーションは自己認識力を伸ばしてくれる。かといって、他人の行動にまで口をはさんでいいことにはならない。行動を変えられるのは当人だけなのだから。相手の行動によって自分がどんな気持ちになるのかを伝えるのは構わないが、責任を追及するような口調は御法度だ。
行動を改めてほしいと相手に伝えたいのなら、これまで紹介してきた方法を応用し、まずその場にふさわしい雰囲気作りを心がけるべきだろう。行動を変えてくれるか否かはさておき、相手には優しさと尊重の気持ちが伝わるはずだ。
瞑想の指導者として著名なティク・ナット・ハン師は、誰かに行動を改めてほしいと願い入れる際には、次の方法を試みるようにと提唱している。[13]
まず相手に共感コミュニケーションを使った会話がしたいと伝え、数日後に会う約束を取り付ける。同師は、約束をするときに思いやりのこもった温かい口調で、話したいと思っている内容を簡単に伝えておくと、相手だけでなく自分も心の準備ができると述べている。あらかじめ問題を考察しておくことで、信頼と寛容さを持って会話に臨めるのだ。

例えば、相手が思いやりのない言葉を口にし、あなたを傷つけたとしましょう。そこですぐに反論してしまうと、状況をさらに悪化させることになりかねません。最も良い方法は、息をゆっくり吸ってゆっくり吐きながら落ち着きを取り戻すことです。そして十分落ち着いたところで、こう言ってみましょう。
「今のあなたの言葉に傷つきました。私はこの気持ちをじっくりと見つめたいと思います。そしてあなたにもそうしてほしいのです」

それから会う約束を取り付けるといいでしょう。一人で自分の苦しみを見つめることは良いことですが、それが二人になればさらに素晴らしい体験となります。二人で共に見つめることに勝るものはありません。

相手に話しかけるときは、愛情と優しさを持って、そして相手があなたを理解し受け容れられるような話し方で、真実の言葉を伝えましょう。相手の話に耳を傾けながら、自分が相手の苦しみを和らげていることを知り、聞き上手になっていると知るのです。

言葉は慎重に選ぼう

二人の関係の安定度を測りたいのなら、普段の会話に出てくるポジティブな感情を表わす言葉と、ネガティブな感情を表わす言葉を数えてみるといいだろう。

米テキサス大学の研究者らは、恋人がいる86名の若者を対象に研究調査を行った。各被験者の日記、パソコンと携帯電話のメールをそれぞれ分析したところ、ポジティブな言葉を最も多用していたカップルでは、調査の3カ月後も関係が続いているケースが多く見られた。[14]

その結果から得られる教訓はずばり、恋愛関係を長く続けたいと願うなら、できるだけ数多くの愛の言葉をパートナーにおくることだ。しかしそれも心からの言葉でなければ意味を持たない。相手の脳は嘘を直感的に見破ることができるのだから。

家庭であろうと職場であろうと、感情を煽るような言葉はどんな関係にもダメージを与える。夫婦ゲンカで感情に身を任せてしまえば、心がズタズタに引き裂かれてしまうことにもなりかねない。

『ヘルス・サイコロジー』誌上で報告された最近の研究では、42組のカップルを対象にした実験が行われ、各カップルには自分を動揺させるトピックについて話すように指示が出された。結果によれば、感情的な議論をすることによって、サイトカインが放出されることが明らかになった。

サイトカインとは心疾患、糖尿病、関節炎、さまざまながんに関与するタンパク質である。また被験者の発言に、理由、理解、洞察を示す言葉が見られた際、サイトカインの放出量は減少した[15]。

そこで私からのアドバイスは、言葉を慎重に選ぶこと。そして結婚生活で起きる衝突について、長い間いつまでも考え続けるのは控えよう。ネガティブなことを長い間繰り返し考え続けるだけで、心臓にダメージを与えるストレス性化学物質が体内に放出されるのだ[16]。

それからすべての人に向けたアドバイスとしては、移り気で興奮しやすい人の周りでは、とげとげしい言葉は控えたほうが無難だ。なぜなら肉体的、精神的な暴力につながる恐れがあるからだ[17]。

批判から信頼関係は生まれない

稀に例外はあるものの、批判の言葉は人間関係、特に婚姻関係においてほぼ無益であることが実証されている。現に他者、特に近親者からの批判を容認できる人はほぼ皆無に等しい。[18]

結婚生活がすでに不穏ならば、相手を批判することで関係にさらなる不快感や緊張感を与えてしまう。[19] また、批判的な言葉の使用度が増していることに気づいたら、それは関係に問題が起こるという前兆だ。[20]

まずは個人によって批判の許容範囲が異なるという認識が大切だ。

例えば、過剰反応する人は根本的なうつ病を抱えている可能性がある。[21] かたや、自分の言葉が一般的には批判と捉えられることを自覚していない人もいる。精神的に鈍感ということだろう。

非建設的、破壊的な批判は額面どおりでしか受け取りようのないものだ。相手の参考になることは何ひとつ言わずに、ただ相手が間違っている、悪いという異論や不平を唱えているのだから。夫婦間における非建設的な批判は、不和や精神疾患症状の発現を強く予期させるものである一方、建設的な批判は、批判が向けられた当事者に否定、酷評、軽蔑とは認識されない。[22]

建設的な批判とは、不平や非難を声にしないことである。そして、互いにプラスになる会話や解決策へとつながるだろう前向きな代替案を提示するものだ。

例えば、「そのアイデアは面白いけれど、他の提案をしてみてもいいですか?」といった具合に会話を始めてみるのはいかがだろう。このような質問になら相手もポジティブな反応を見せるだろうし、ほとんどの場合「いいですよ」という答えが返ってくるはずだ。互いの意見が根本から違っていたとしても、建設的な態度での問題提起は、相手の言動を尊重するという意図を伝えてくれる。

人を批判することでは協力や信頼関係はほとんど生まれない。しかし本当の問題は、日常の意識にあるインナースピーチだ。

インナースピーチには必ずといっていいほど、自己批判の心が棲み着いている。自己批判をすればするほど、人は強い不安に陥ってしまう[23]。だからこそ、自身のインナースピーチを認識し、ありとあらゆる方法を使ってその声を断ち切ることが大切なのだ。

ある研究結果は、インナースピーチを断ち切る最も効果的な方法は、自己愛、自己賛美、自己受容、そして自己容赦を高めることだと示しているが、自己を批判するインナースピーチはあまりに影響力が強いため、日常的な努力を続けることが肝心だ。

つまり、自身のさまざまなインナースピーチに互いの声とうまくやっていく術を教え込むことが、共感コミュニケーションにおける最優先事項なのである。

column

女性と男性、コミュニケーション上手なのはどちら？

　言語処理のプロセスは性別によって異なる。脳の大きさと神経化学物質のバランスもそれぞれ異なるが、行動力、記憶力、認知力、もしくは言語スキルに有意差をもたらすものではない[24]。本質的に言えば、男性と女性は同じように考え、感じ、言葉を発する生き物なのだ[25]。私たちが目にする違いは、表面的、文化的に条件づけられたもの、または幼少期の経験や成人してから身についた先入観によって形成されたものだ。実際には男女差はなく、また同じ脳はこの世に二つと存在しないため、考え方や感じ方は個人特有である。

　米スミソニアン学術協会の報告によれば、私たちが考える男女の違いは過度な誇張に基づいており、「脳の通常のはたらき――世界を把握する、他者の注意を喚起する、新しいスキルを学ぶ、記憶する、コミュニケーションを図る（女性ほうがおしゃべりだという見解は誤っている）、他者の感情を判断する（男性にもその能力はある）――に関して言えば、男性と女性の能力は全体的にほぼ重複している[26]」

Chapter

11

職場での共感コミュニケーション

職場における円滑なコミュニケーションは、社員個人のみならず企業全体の繁栄に極めて重要だ。コミュニケーションは目と目が合った瞬間から始まる。そしてビジネスでは第一印象が肝心だ。

最近の脳スキャン研究結果によれば、企業CEOの写真を被験者に見せたところ、ひと目でその人物が信頼するに値し、高いリーダーシップを持ち、また経済的な成功を手にしていると判断できることが明らかになっている。[1]

しかし見かけは当てにならないというのも本当だ。人を魅了するカリスマ性を持っているからといって、能力が高いとは限らない。それでもカリスマ性のあるリーダーは、価値観に基づいた哲学を語ることが多く、似た価値観を持つ部下や追随者たちに影響を与える傾向にある。[2]
しかしリーダーが自身の哲学を体現しなければ、部下たちは口車に乗せられたと感じ、リーダーとしての信頼は崩れ、企業全体の威信さえ失墜させてしまうことにもなりかねない。現に、企業トップがモラルを欠いた言動や権力と欲にまみれた姿を露呈すると、株式市場が大きく変動する。これは確固たる価値観を持ち続けることの重要性を再認識させてくれるものではないだろうか。

価値観は最後の試金石

世界的に有名な経営学者ピーター・F・ドラッカー氏は、企業経営やリーダーシップ、起業について数々の著書を発表し、社会科学教授を務めていた米クレアモント大学院大学にて、全米でも初となるエグゼクティブMBAプログラムのひとつを策定したことでも知られている。

85歳当時には『ハーバード・ビジネス・レビュー』誌上で、質の高い人生を送るためには、「自分の価値観と武器になる長所」そして「自分がもたらすことのできる貢献」を知ることから始めるべきだと述べ、価値観についてこう続けている。

「自己を管理する上で最終的に必要となるのは、『私の価値観とは何か？』という自らへの問いかけである。それは倫理を問うものではない……（中略）……倫理とは、価値体系——特に企業における価値体系——のほんの一部に過ぎない。

企業の価値観を受容することができない、もしくは個人の価値観と矛盾している企業で働くことで、個人はフラストレーションと業務の不履行を余儀なくされる[3]」

しかし「個人の価値観と長所に矛盾が生じることもある」とも述べている。そんなときはどうすればいいのだろうか。

ドラッカー氏は、自身や社会に対し真に貢献していないのなら、その仕事を辞め新しい職を探すべきだと続けている。「言わば価値観は最後の試金石である」

世界で最も影響力のあるビジネス思想家トップ15の一人として名を連ねるマーシャル・ゴールドスミス氏も、個人とその職場となる企業の価値観の重要性を提唱すると同時に、価値観を表す言葉は表面的になりがちだとも指摘している。

例えば「質」「品位」「敬意」などという言葉はインスピレーションをかき立ててはくれるものの、実質的な行動が伴わなければまるで意味を持たない。

ゴールドスミス氏は「人々——特に経営者——が偉大な格言や言葉を耳にすればそれが行動

に表れる、という不文律の期待があるのだ」[4]と述べている。

しかし耳にしただけで行動に表れるはずもない。そこでの解決策は、社員に率直な意見を求め、その意見に敬意をもって対応することだ。

ビジネスの場でリーダーが権威主義に固執していると、共感コミュニケーションは成立しない。社員の価値観や仕事ぶりに対する敬意と尊重がなければ、全社員をまとめるどころか、協調性や満足度の高い有効的なコミュニケーションへの道が閉ざされてしまう。ゴールドスミス氏はこう続けている。

「リーダーは人材やチームワークに関する価値観を説くことが多いが、実行が伴わない場合がある。また企業組織も、それらの価値観に沿った生き方をする責務をリーダーに課せずじまいだ。そこから企業への不信感が生まれ、信頼は損なわれ、企業全体の存続が危うくなる。一般的に共有される価値観（特に「人々」における価値観）の不履行は、職場における大きな不満要素のひとつである[5]」

企業方針を明確にする上でも、職場環境における価値観の重要性を話し合わなければ、行動を改善することはできないのである。

円滑な人間関係のカギは共感力

私たちは、他者に自らの価値観を伝え、それに基づいて行動するだけでなく、その価値観をどれだけ真に重要視しているのかも示さねばならない。人々に希望と自信を植えつけるのはリーダーの責任なのだ。それを実現するためには、互いの内にある願望や欲求を尊重することが不可欠だ。

その一例として、米ドレクセル大学経営学部の研究者らが実施した、過去100年間におけるメジャーリーグチームのCEO75名を対象とした人物・業績調査の結果を紹介しよう。[6] チームに自信や楽観主義を促したCEOのチームは勝率とファンからの人気が高く、利己主義に偏ったCEOのチームは勝率とファンの人気が低いことが判明したのだ。ここでもまたしても、優しさや積極的なサポートが職場の雰囲気や業績を一変させることが証明されたというわけだ。とりわけ医療従事者と、[7] 教育関係者の職場に当てはまることである。[8]

職場でも家庭でも、円滑な人間関係のカギを握るのは、他者に対する共感力である。従業員や子どもなどを管理する立場にある人にはぜひこれを覚えていてほしい。

部下に積極的なアドバイスを与えないリーダーは企業組織が掲げる目標の達成率が低く、また部下たちも仕事に不満を抱えている。[9] チーム内での会話やチームワークの達成にリーダーが積極的に関わらなければ、メンバー間の衝突を増加させることになる。[10]

ビジネスにおける共感コミュニケーションの必要性

価値観に基づいたリーダーシップがビジネス界で優先権を得たこともあって、ロヨラ・メリーマウント大学のエグゼクティブMBAプログラムでは、共感コミュニケーションが講義教材として採用されている。フルタイムの激務を遂行しながら、自社の組織力を高めようと再び学校に通い始めた受講生たちにとって、リラクゼーション・エクササイズはありがたいおまけになっているようだ。

同大学のクリス・マニング教授は、ビジネス、リーダーシップ、教育のあらゆる側面における、簡潔さ、明確さ、思いやりの必要性に言及している。

「私が教室で学んだのは、生徒たちとできるだけ調和した関係を築くことが不可欠だということです。30年前に初めて教壇に立った頃は、限られた授業時間の中で、できるだけ多くの題材を採り上げようと躍起になり、とかく早口になり過ぎていました。結果として膨大な課題の量となり、大学の難解な授業ですでにストレスを抱えていた生徒たちに追い打ちをかけることとなってしまった。特に講義についてこられなかった生徒たちの成績は低迷し、中には途中から授業に出席しなくなる生徒もいた。

その経験から得た教訓とは、私たち教師やビジネス・エグゼクティブは、学生や若手の企業リーダーたちに、個人やビジネスにおける価値観の考察がなぜ経営能力や人材管理能力を向上させるのかを、全力を挙げて証明しなければならないということです。毎日数分間リラックスして今を意識するだけで、会社を成功に導くことも可能なのです。それを忘れてビジネスの会話や交渉に臨めば、業績は悪化し、社員は辞職してしまうでしょう」

米シモンズ大学経営学部で研究員を務めるデボラ・コルブ教授は、交渉では相手に対して心からの深い理解を示すことが重要であるとし「交渉相手に理解や感謝を示すことで対話の口調やその場の雰囲気が変化し、より協調的な情報交換が可能になる」と述べている。そこから交渉者間に信頼関係が生まれ、「無言の権力争いから真の対話へと進む」[11]ことができるのだ。

そして、より温かく協力的で熱心に心のこもった気配りのできるコミュニケーションをする人は、さらに変革的なリーダーであると捉えられている[12]ことも覚えておきたいものだ。

ハーバード大学のハーバート・ベンソン博士は、神経のメカニズムとマインドフルネス、リラクゼーション、ストレスそれぞれとの関係性を探る研究の第一人者であり、自身のこれまでの研究結果を基に、仕事や学業で疲弊することなく能力を最大限に発揮する方法を講義している。

その研究で明らかになったのは、人は「内なる価値観」を使って肉体的、精神的ストレスを軽減できるということだ。

ベンソン博士が提唱する「リラクゼーション反応」は、ひとつの単語やフレーズ――その人にとって大きな意味を持つ言葉――の復唱によって、全身と脳に健康的な変化をもたらすものである。

またベンソン博士が新しく考案した「ブレイクアウト・プリンシプル（現状脱出の原理）」は、仕事熱心な人々が生産性と創造性を高めながら、ストレスをコントロールする方法を提示している。『ハーバード・ビジネス・レビュー』[13]誌に掲載された基本要素は次のとおりだ。

まず、具体的な課題や目標に向かって懸命に仕事に励む。作業に没頭しながら、自分のストレス具合も意識すること。疲れを感じたらすぐに休憩を取って、仕事とは全く無関係なことをする。例えば、散歩に出る、ペットに餌をやる、またはシャワーを浴びるのもいいだろう。仕事からしばし離れることで脳は落ち着きを取り戻し、集中力、時空の概念、意思決定に関与する脳領域が活性化するのだ。そこからクリエイティブなひらめきが生まれる可能性もある。

前向きなチームほど成功する

ミシガン州アナーバーにある先端研究センター前所長、マーシャル・ロサダ博士が行った画期的研究の結果によれば、ビジネスの世界で最も成功を収めているチームは、メンバー同士が最も前向きにある状態でコミュニケーションを図っているという。会話や話し合いの最中で納得のいかないことがあった場合、否定的な人は非難や皮肉を言葉（「そんなの馬鹿げてる！」）や表情に表す。一方、肯定的な人は、たとえ相手の意見に賛同していなかったとしても、相手を認め、支え、励ます姿勢を見せる。そんな人たちからは「あなたの考えはよく分かりました。でも他にもっと良い方法がある理由を説明させてください」という言葉が返ってくるかもしれない。

相手に前向きな対応を見せるには、スキルと洞察力が必要だ。だからこそ、自分が話す内容をあらかじめイメージの中で何度も練習することをお勧めしているというわけだ。苦手な人を相手にするともなれば、なおさら心の準備が必要だろう。

ロサダ博士は60組のビジネス・チームを調査し、ビジネスで最も大きな成功を収めているチームでは、ポジティブな表現とネガティブな表現の比率が5対1であることを突き止めた。またこの比率が3対1以下のチームは業績が伸び悩んでいた[14]。さらに、ポジティビティの比率が高い人たちは他のメンバーとより強固な関係や絆を築くことも分かっている。

ポジティビティの高い人たちとは、周りへの感謝を忘れず、明るく人好きのする性格で、他のメンバーに対しいつも思いやりを忘れない人たちだ。ネガティビティの高い人たちは、短気で人を馬鹿にしたような態度を示す人たち、つまり基本的に一緒にいたいとは思えないタイプの人たちである。他の研究では、極めてポジティブなリーダーを持つ部下は、仕事に対する満足度が高いことが明らかになっている[15]。

またロサダ博士と彼の研究仲間で「ポジティブ心理学」の権威バーバラ・フレドリクソン博士が行った調査の結果、アメリカ人成人において、ポジティビティ対ネガティビティ比が5対1に達しているのは、全体の2割にも満たないことが分かっている[16]。

これはつまり、私たちはポジティブ思考と前向きなコミュニケーションをできるだけ周りに広めていかねばならないということだ。ちなみにポジティビティ比は11対1を超えると一定化する。

共感コミュニケーションを仕事に取り入れる

販売業など仕事のペースが速い業界では、共感コミュニケーションによって、顧客との共鳴力や共感力を向上させることができる。それは医療界も同様だ。

特に私アンディが長年勤務している「病院」という人間中心の環境では、日常的に過度なストレスを感じることもあり、ゆっくりと話すことがかえって逆効果だという印象を持たれるかもしれない。

私は、勤務している病院、講義を受け持っている学校、そして食事をとる時間があれば病院内の食堂、これらの間を跳び回る毎日を送っている。そんな生活が人間関係にダメージを与えることも承知している。人は慌ただしくなると、次にしなければならないことを考え、会話をしている相手の話にまで頭が回らなくなってしまう。

しかしスタッフの言葉に耳を傾けなければ、患者の生命に関わる決定的なミスを犯してしまう可能性もある。医療従事者は、たとえ時間の余裕がないと感じているときでも落ち着いて行動しなければならない。さもなければ誰かが命を落としてしまうのだ。

医療界のコミュニケーションスキルはまだまだ未熟だ。医学部出願者の入試面接や私の研究チームへの就職志願者の面接でそれを実感している。私の経験では、応募者は概ね、饒舌な人と口数が極端に少ない人、この2つのタイプに分けられる。短期間で周りの人たちと深い関係を築ける人材を発掘するため、面接時には彼らの非言語コミュニケーションをじっくりと観察するようにしている。

まず、饒舌な人たちは面接が始まった途端、これまでの人生のあらすじを一気に語り始める。中には天気の話をする人や、面接の過程に不平をこぼす人すらいるほどだ。私は彼らの話を遮らず、最後に「これで面接は終了です」とだけ言うことにしている。

このようなタイプの応募者はいかなる形の関係をも築く猶予を私に与えてはくれず、就職の機会を逸してしまうことになる。

無口な人たちはまた別問題だ。「当院のヘルスケアシステムを改善するには何が必要だと思いますか?」といった重要な質問をしても、返ってくるのは「かなり複雑な問題ですね」のひと言である。話が続くのかと思い待ってみても、それ以上を語る様子もない。

また別の機会では、相手が携わっている研究が私の研究にどのような有用性を持っているのかと尋ねることもある。喜び勇んで研究内容を語ってくれるかと思いきや、無口タイプの大半が「とても興味深いです」としか返さない。患者や病院スタッフとの密な会話が求められる仕事に応募しているというのに、これでは先が思いやられてしまう。

いずれのケースでも、面接を受ける側が緊張していることが一番の原因だ。不安による興奮で話すスピードが速くなる人もいれば、身体が固まってしまう人もいる。[17]というわけで私とマークは新米の医師や看護師らに、肩の力を抜いて、適切なアイコンタクト（応募者の多数はできていないのだが）をし、有意義な双方向の対話を成立させるために今という瞬間を意識する方法を教えるために共感コミュニケーションを考案したのである。

サザン・ミシシッピ大学では共感コミュニケーションによく似た方法が採用されている。大学院生のインタビュースキルの向上を目指した「ポーズ-シンク-スピーク（一旦止まる、考える、話す）」という方法で、インタビュー質問を受けた学生は、その質問のキーワードを見極め、質問の趣旨に沿った返答をする前にアイコンタクトをすることになっている。[18]

また私は米サザン・カリフォルニア病院の外科医らを対象にした、共感コミュニケーション・

ストレス軽減プログラムの開発に着手している。外科医は極度の緊張を伴う職種であり、心身共に疲弊を感じている医師は決して少なくない。ストレスは仕事で良い業績を上げる能力に影響を及ぼしてしまう。

緊急事態に対応する職業では——消防士、緊急治療室の看護師、真夜中に破裂した水道管で水浸しになりそうな家を救う配管工でさえも——極めて冷静な態度と集中力が求められるものだ。

それではこのプログラムの内容を紹介しよう。外科医や看護師らには、手術室に入る前やナースコールがあった患者に対応する前に行うことを奨励している。

もちろんビジネスで熾烈な交渉を控えている人にも応用可能だ。セールスマンと値切り交渉をしようとしている人なら、有利に交渉を進められるはずだ。

1　手術室や会議室に入る前に、ドアの前で立ち止まる
2　あくび、ストレッチ、全身のリラックスに60秒間
3　自分の心理状態をチェックする。不安や苛立ちを感じ、これから始まる手術やミーティングに無関係な思考で気が散っていたら、肉体的・精神的に落ち着くまで2を繰り返す
4　目の前の目標に集中し、それには「どんな精神状態であるべきか?」と自問する。ネガティブ思考や猜疑心を抑え、最高の仕事ぶりを発揮する自分の姿をイメージする

5　これから行うことを頭の中でリハーサルする（実際にタスクを実行する際のパフォーマンス向上につながるという研究結果が報告されている）
6　自分にとって最も大切な、そして業務や目標と具体的に関連している価値観に集中する
7　さらに全身をリラックスさせ、深呼吸をし、柔らかな表情を浮かべながら、手術室や会議室に「ゆっくりと」足を踏み入れる

1分程度しか余裕がなかったとしても、30秒間を使ってリラックスとイメージトレーニングを行い、目の前のタスクに取り組みながら前向きな姿勢を保つ努力をしよう。他者との会話を伴う場合はゆっくりと、言おうとしていることを実際に声に出す前に、頭の中で考察できる程度のスピードで話すといいだろう。

他者と良好な信頼関係を築くには、相手を尊重し、その言葉ひとつひとつに耳を傾け、最善のケアとサービスを提供しなければならない[19]。介護士、販売員、経営者、どんな立場であっても、相互の満足度を高めてくれるのは共感力なのである。

共感コミュニケーションを仕事に取り入れてみよう。そしてコンタクトが可能な管理職層にも導入を提案してみよう。その際にはこれまでの研究結果や同僚と実践したときの感想や成果を伝えるといいだろう。有能なコミュニケーター――思いやりのあるリーダーや教師――がそ

の場にたった一人いるだけで、言葉主導でものを考える人たちの脳を共感コミュニケーションに共鳴させることができるのだ。

説明を終えたら、その場にいる全員で自由に議論を交わそう。そこで得られる意見や感想は思いがけない発見をもたらしてくれるはずだ。役員会で共感コミュニケーションを実践したとある企業のCEOがこんな感想を残している。

「話を聞くことに何が必要とされるのかに気づいたのは初めてだ」

Chapter

12

——家庭での共感コミュニケーション

子どもたちとも共感コミュニケーションのエクササイズを試してみよう。万人共通のルールなので、大人も子どもも条件は同じ。きっと面白がってくれるはずだ。子どもたちの間ではゆっくり話すところが面白いという感想が特に多く、言いたいことを30秒以内にまとめる点では大人顔負けだ。

地元の高校で数学教師をしている私の同僚が、9歳の息子ニックとその友達とエクササイズを試した際には、ルールを少し変えて、ゲーム形式にしたそうだ。

内容は至ってシンプルである。まず各々が何かの動作を表した文——「これから自転車に乗ります」「ピザが食べたい」など——を紙に書く。それから書いた本人がその文をゆっくり読み上げるのだが、ひとつの単語を読んだらその後10秒間数えてから、次の単語を読み上げる。そして他の人たちがその文章を順番に当てっこする、というものだ。

ニックは自分の決めた一文を紙に書くと、誰にも見られないように紙を二つに折り、ゆっくりと口を開いた。最初の単語は「僕の」だったが、それだけではまだ誰にも見当がつかない。「僕の……お父さんは……しゃべる」そのあたりになって「僕のお父さんはお母さんとしゃべる」など正解に近そうな回答が挙がり始めた。ニックの言葉が「僕の……お父さんは……しゃべる……のが……」と続いた途端、ニックの友人が「僕のお父さんはしゃべるのが速い！」と叫んだ。確かに事実ではあるものの、正解ではない。するとニックの妹がその横で叫んだ。「お父さんはしゃべるのが長い！」ご名答！

セラピストをしているニックの母は、ゲームを楽しむ子どもたちの様子を見て、次はここにいる誰かの名前から始まる文を考えてそれをみんなで当てましょう、と提案した。

ゲームが進行するにつれ、その場にいた各々は他の人たちからどのように思われているかを知ることとなった。多少のリスクはあったものの、ニックの両親のリードもあって、ゲームは終始和やかに進んだ。子どもたちは傷つけ合うことなくお互いに対するポジティブな思いとネガティブな思いを分かち合うことができたのである。

また子どもたちにとってこのゲームは、相手が話している言葉の意味にさらに関心を持つ機会ともなった。相手の表情と声を注意深く観察すれば（非言語コミュニケーションのコンセプトはニックの両親が説明した）、その人が次に何を言おうとしているのかをより正確に察することができると気づいたようだった。

ゲームを通じて、会話の機微に気を配り、相手の言葉に集中するために自身のインナースピーチを調節する術を体得し始めていたのだ。

家族が平等に話し合える場

世界中から届くフィードバックに目を通しながら、私と妻のステファニーには、11歳になる娘アマンダだったら一体どんな反応を示すだろうという好奇心が湧いてきた。

そこで早速アマンダに共感コミュニケーションのルールを説明したところ、興味を持ってくれたようだったが、正直ここだけの話、どうやら本書で紹介されることのほうに関心があったようだ。

アマンダは大の話し好きで、私たちや彼女の友人だけでなく、周りの大人とも気兼ねなく話を楽しんでいるので、エクササイズを試すにはうってつけの相手だった。

それに数年前から家族をてこずらせている問題もあった。アマンダは空腹になると、体内の血糖値が下がり、普段の愛らしさが一転、途端に気難しくなってしまうのだ。もちろんおやつか食事を摂れば済むことなのだが、一旦機嫌を損ねるとなかなか食べようとしない。「そんな気分じゃないの！　お腹なんて空いてない！　食べさせようと思ったってそうはいかないんだから！　放っといて！」という具合に、一切耳を貸そうとしないのである。

そんな機嫌の悪さも一度食べ物を口にして1分もすれば、いつもの機敏で陽気でおしゃべりな女の子に戻るのだが、空腹時はどうやらそれを忘れているようだ。

これまでも本人とその問題について何度も話し合ってきたが、十分な解決には至っていなかった。そこで、家族全員が平等に話し合えるように共感コミュニケーションの手法を使ってみることにしたのだ。

そして妻と相談したところ、妻とアマンダの二人が共感コミュニケーションで会話をし、私は記録係としてその隣で会話の内容をすべて書き留めることにした。

アマンダは大まかなルールを早速理解し、すぐに試したがった。私はリラクゼーションとイメージのエクササイズをする二人を眺めながら、これから会話がどのように進むのだろうと興味をかき立てられた。

アマンダの最初のひと言はママへの感謝の言葉だった。「ママは私が知ってる人たちの中で一番心が広い人よ」それを聞いて私と妻は驚いてしまった。それまで娘の口から一度も耳にしたことのない言葉だったのである。そして妻もアマンダに感謝の言葉を返した。

「このゲームを試してみたいと言ってくれてとても感激してるの。あなたは本当に素晴らしい子よ。一緒にこのゲームができてワクワクしてるわ」

妻はアマンダに褒め言葉を伝えると、食べることを忘れてしまう問題と食事を抜くと機嫌が変わることについて、アマンダ本人はどう思っているのかと尋ねた。その話になるとアマンダは大抵ムキになるのだが、そのときは落ち着いて言葉を返していた。妻が何を伝えようとしているのか、しっかりと把握しているようだった。

それから、食べることと機嫌について話をすることがどうして気に障るのかを説明することができたのである。そのような状況になると妻も私もアマンダが言わんとしていることに耳を貸そうとしない、とゆっくりと手短に時間を守りながら答えた。

会話が進むにつれ、見込みのある解決策が持ち上がってきた。アマンダは空腹になっていることを自覚できるように意識すると約束し、私と妻はもっと娘の気持ちに寄り添いながら話に耳を傾け、その都度適切に対処することで同意した。

二人の会話は全体的にとても前向きで、アマンダも大変楽しんでいた。会話が幕を閉じる頃、アマンダは空腹であることに気づき、早速何かを食べることにしたのだが、そこには戸惑いも説得もなかった。こうして第一日目が順調にスタートしたのである。

それから一年の月日が流れたが、アマンダは自分の機嫌を意識しながら、食べ物が必要な状態にあることを自覚できるようになってきた。空腹になっても機嫌を上手くコントロールする術も身についてきたようで、私と妻も上手く対応できているようだ。家族三人とも深い共感と理解を持ってお互いの話に耳を傾けているからだろう。

成績と日常の会話量は連動する

関連研究の大半が立証しているように、脳は生まれた環境に大きく影響される。

4、5歳未満の幼児は抽象的な概念を使って会話をすることができないが、5歳を過ぎる頃から次第に会話を紡げるようになる。5~10歳は脳の代謝が最も活性化する年頃だ。その時期にある幼児の脳内では、数百万にも及ぶ神経回路の形成と再形成が繰り返され、特に言語機能とコミュニケーション機能をつかさどる領域での形成活動が活発である。

またこれまでの研究から、脳は愛情のこもった交流を通じて活性化し、より多くの神経回路を形成することが明らかになっている。

つまり幼児期から共感コミュニケーションを使った会話に慣れ親しんでいれば、コミュニケーション上手な青年へと成長するのではないだろうか。高いコミュニケーション力を身につければ、学業や仕事で成功する確率も大幅に高くなる。

米カンザス大学のベティ・ハート博士とトッド・ライズリー博士は、人種や経済状況の異なる複数の親子の会話を1300時間以上録音し、その内容を分析した。共著『アメリカ人幼児の日常体験における有意な相違（未邦訳）』（原題 *Meaningful Differences in the Everyday Experience of Young American Children*）では、対象となった子どもの小学3年生時の学業成績と、生後から3歳に至るまで家庭内で交わされた言葉の数との相関性が明らかにされている。[1]

その内容によれば、1時間に約3000語——1日約3万語——の単語を耳にしていた幼児は、学業で好成績を収めていた。両親が仕事に就いている家庭では上記の単語数が多く見られたが、社会経済学的水準の低い家庭では1時間に500語〜3000語と大きなばらつきが見られた。

つまり、幼児はその家庭環境にもよるが、1年間に計約300万〜1100万語を耳にしているということである。

最終的に両博士は、人生における成功や挫折、幸福感や不幸感は、家庭の経済状況ではなく、「幼児とその世話をする人との間に実際に発生する会話量」に起因している、と結んでいる。また、経済水準が比較的低くとも1日3万語以上を話していた家庭では、経済水準が高い家庭と同様の結果が見られた。

もちろん単語の数だけなくその質も大切だ。幼児はまず否定的な言葉から語彙を増やすため、肯定的な言語を形成する能力が乏しく、特に感情表現や特定の目的を達成する能力に関する言語力に劣っている。[2]

しかし、否定的な言葉は幼児の脳に大きな負担を強いるのだ。[3] 否定的な言葉は幼児により一層の不安を与えるが、肯定的な言葉は不安を和らげる。[4]

また、幼児が強いストレスを感じると、否定的な言葉によって記憶力が妨げられる。目的達成のヒントとなる情報の糸をたぐり寄せることができなくなるのだ。しかし肯定的な言葉を教えると、感情抑制力と集中力をつかさどる脳領域が活性化する。[5] また、幼児が達成や成功に関連する言葉を覚えると、学習に対する意欲と満足感が向上する。

否定的な言葉を多用する両親のいる家庭では、家庭生活が不安定であることも明らかになっている。

ユタ大学の研究者らが実施した比較調査では、家庭内の問題解決策に関する分析を行った。すると、家族間で協力しながら解決策を練っていた家庭は、両親が「ルールを押しつける」家庭と比べて、よりスムーズに問題解決に至ることが明らかになった。言い換えれば、子どもに支配的な両親が子どもと一緒に解決できた問題の数はより少なかったのだ。[6]

また兄弟間においては、互いに肯定的な言葉を使っている兄弟は喧嘩が少なく、問題が起きても創造力を活かした解決策を導き出す傾向にあった。[7] 兄弟の一人がポジティブな解決策を提案した場合、険悪でネガティブな口論から、両者にとってプラスな結論に達した。[8]

つまり子どもたちの集まる公園や、ピアグループ・メディテーション、トレーニング・プログラムなどに共感コミュニケーションを採り入れれば、思春期に多く見られる破壊的な感情傾向を効果的に抑制することができるのだ。[9]

そのような立証もあることから、私は全米の大学にある学生同士のカウンセリンググループで、共感コミュニケーションの講義を開始している。

学生たちには、自身や他者の感情をより早く理解するために、心の知能、対人的知能、個人内知能について指導するべきであろう。そうすることで、グループ全体にとって意義のある方法で共感、理性、協力を高めながらコミュニケーションを深めることが可能となる。[10]

思いやりのあるしつけ

両親は子どもたちに、兄弟間で口論や衝突が発生したら、お互いに前向きで落ち着いた態度とポジティブな言葉を使って解決する方法、そしてそれぞれの人間は世界を独自の視点から見ているということを教えることが大切だ。[11]

家庭内で共感コミュニケーションを使うと、子どもの暴力的な行動が減少し、他の兄弟たちと上手く付き合えるようになる。[12] また両親にじっくりと子どもの話に耳を傾けることを指導したところ、破壊的な性格を持つ子どもとの力関係に改善が見られた。[13]

米ペンシルベニア州の大学研究員グループは、同州に住む家族を対象としたプログラムを実施した。「今という瞬間に対する意識を、意図的に親子関係にもたらす」という目的で、「子どものしつけでは思いやりと公平に受け容れる心を持つ」ことが大切だという内容だった。両親は、「子どもたちと話す際に受容的かつ中立的な態度を取り」「会話の最中には自らの感情的反応を抑え」「自身や子どもたちに対する思いやりと共感の姿勢を取る」には、「子どもたちの話に集中してしっかり耳を傾けること」と指導された[14]。

またこのプログラムでは、共感コミュニケーションが提唱する呼吸法やリラクゼーション法、自分の価値観を探るエクササイズも紹介された。子どもたちとの会話で怒りやフラストレーションを感じたら、ネガティブな感情をコントロールする合図として「ストップ、落ち着いて、今に戻って」という言葉を使うことも提案された。

オックスフォード大学、アムステルダム大学、オランダのマーストリヒト大学の合同研究結果によれば、思いやりのあるしつけには次のメリットがあるとされる。過度の不安やストレスの軽減、ネガティブな反すう行為やネガティビティの減少、注意力の向上、優しさや自己を思いやる心の発達、そして何よりも非効率的なしつけ方を次世代に継承するという悪循環を断つことができる[15]。

思春期の若者に、幸運だと感じた出来事を数えるように指示を与えたところ、感謝の気持ち、楽観的な気持ち、満足感がそれぞれ向上した[16]。学校に行くことさえ満足だと感じる若者もいたようだ。

書くことが最も効果的

先に述べたように、ポジティブな結果に思いを巡らせるだけでは、揺るぎない楽観精神や自尊心を保つことはできない。成人であれば無意識下にあるネガティビティを認識し、その見直しを行い、ポジティブな言葉や行動で肯定することができる。

幼児や青年の場合は、書き出すことが最も効果的なようだ。高校生を対象に実施された実験では、10日間限定で毎晩就寝する前にその日に達成したことを3つ書き出すという指示が出された。

当初は学生たちの態度にさほど改善は見られなかったが、調査終了後の3カ月間、月を追うごとに学生たちの幸福度と満足度は大幅な向上を見せたのである。[17] 紙に書き出すことは成人にも同様の効果をもたらす。[18] その効果について、「ポジティブ心理学」の生みの親であり、これらの研究を行ったマーティン・セリグマン博士は、プラシーボ効果［薬効成分を含まないプラシーボ（偽薬）を投与したにもかかわらず、思い込みの力によって病状などに何らかの改善がみられること］に匹敵する持続性がある、と述べている。

達成したことを10日間続けて日記に綴るだけで、より良い心理状態が数カ月間続くのなら、日記を1カ月間続けた場合にはどのような成果が得られるのだろうか。そこで提案なのだが、一度試してみてはいかがだろうか。1カ月と言わず、仕事や人間関係などでフラストレーションを感じたらいつでも再開するといいだろう。

また上記の研究は「ペンの強さ」をさらに物語っている。言い換えれば、想像力以外でも脳に成功体験を植えつけることができるということだ。文字に著わすことにより脳内にある想像力とは異なる言語中枢が刺激され、思考に永続的な変化がもたらされるのである。

悲観的な人生観を変えたければ、できるだけ多くの異なる言語中枢を活性化させよう。ポジティブな言葉やメッセージに耳を傾け、心を鼓舞し、勇気を与えてくれる小説を手に取ろう。人生のポジティブな側面や成功について思考を巡らせたら、そのすべてを紙に書き出そう。そして周りの人たちと成功を分かち合おう。自身の決意が固まるだけでなく、相手の脳もプラスの刺激を受けるのだから。

しかしペンは諸刃の剣ともなり得ることを忘れてはならない。ネガティブな思考や感情を文字にする、もしくはストレスの溜まった出来事を日記に書き綴ると、感情的な混乱状態が続き、疾患の症状をより多く呈するようになってしまう。[19]

一方、シカゴ大学の研究結果は、そのような症状は不安な気持ちを短文で書き出すことにより一時的に軽減すると示しており、「命運を分けた試験の前に心配事を書き出すと点数が上がる可能性がある」[20]という。

ここで、子どもと大人にプラスの変化をもたらしてくれる方法をもうひとつ紹介しよう。幸運や感謝を感じた出来事を日記に残しておくといい。世界中から集められた研究結果によれば、日記を続けることで、気分が明るくなり、人間関係が豊かになる。[21]

２２１名の若者を対象にしたある研究調査では、感謝の気持ちを綴った日記を3週間続けるように指示が出され、その結果、人生に対する幸福度、満足度、そして楽観的な気持ちに改善が見られた。[22] しかしストレスを感じた出来事を日記につけ続けたケースでは、気分や物事に対処する行動に改善は見られなかった。[23] また、他者や自身の人生に強い感謝を抱いている幼児は、強い満足度と前向きな姿勢を示し、友人らともより良好な関係を築いている。[24]

マイノリティの学生が自身について肯定的な文章を書いたケースでは、個人としての妥当性と品性を認識する気持ちに改善が見られ、学業成績も向上した。[25]

また、他の研究によれば、個人的な目標をできるだけ具体的に書き表すことで、その目標を達成できる可能性が高くなる。[26]

今挙げた方法を子どもたちに指導すれば、青年へと成長してからもその効果が続き、人生に対してネガティブな姿勢を貫いている子どもたちと比較して、より多くの目標を達成することができるだろう。

子どもが幼少のうちに共感コミュニケーションを早期に採り入れれば、それだけ子育てに余裕が生まれる。ポジティブな言葉や発言は人から人へ伝染しやすいものだ。つまり未来の世代のためにも、優しさを持って他者と交流すべきなのである。

言葉を変えれば、脳は変わる

世界中のありとあらゆる環境で生活する全ての人々が互いに共感し、心の通った会話を紡ぐために、共感コミュニケーションは重要な役割を果してくれるはずだ。相手に対する見解を新たにし、互いに理解を深め、この社会をより良い方向へと導くことができるだろう。お互いの心をつかむ会話を実践すれば、どんな出会いもプラスになる。

使う言葉を変えれば、脳も変わる。脳が変われば、他者との関わり合い方にも変化が訪れる。言葉を通じてネガティブな社会を作るのか。それとも優しさと協調と信頼に溢れた社会を作るのか。その選択は私たちに託されている。

また本研究では「Miller Social Intimacy Scale」に「あなたの密かな欲望は？」という質問を付け加えた。対照群すなわちワークショップの参加者には、対人エクササイズの前後にその質問に回答するように指示を出した。

頻用されている単語を特定するため、回答の内容分析を行ったところ、経済的な目標に対する関心度はエクササイズ前後で34%から14%に減少していた。さらに特筆すべきなのは、平和への強い願望が60%増加し、自己愛と対人愛の割合はそれぞれエクササイズ前の3倍に達していたことだ。

この結果は、共感コミュニケーションのトレーニングプログラムは他者や社会への親近感や共感を高めるだけでなく、個人の目標や願望を平和、愛、そして自己充足感へと向かわせる可能性を強く示唆していた。本研究論文は論文審査のある専門誌に投稿され、現在審査待ちである。

APPENDIX

共感コミュニケーションの調査研究

2010年、共感コミュニケーション・ワークショップの参加者121名を対象とする予備研究を実施した。ワークショップの開始時と終了時に、「Miller Social Intimacy Scale（ミラー・ソーシャル・インティマシー・スケール／他者に対する親近感度と社会的共感度の測定で有効性が認められている評価尺度）」という質問表を参加者に配布した。

集められた回答を用いて基本的な統計解析を行ったところ、参加者の他者に対する親近感の度合は、ワークショップで対人エクササイズを40分間行った後では11%増加していた。また、「（目の前にいる人に対して）今どれくらいの親近感を感じますか？」「その人と二人きりになりたいとどのくらい思いますか？」という2つの質問の回答では、社会的共感度に20%の増加が認められた。

さらに年齢別の違いの有無を確認するため、比較対照研究を行った。大学生を集めた若年者（CC）群を、対照群（40分間のエクササイズの前後に質問を受けたグループ）と比較したところ、CC群では平均値の増加が6%にとどまった。つまり、試験に参加した若年層にはエクササイズの効果があまり見られないように思われたが、対照群では有意な増加が認められた。特に30歳以上の被験者はエクササイズに著しい反応を示し、その平均値は16%増加した。

人種別では白人と黒人両者において同様の結果が得られた。黒人の被験者はロサンゼルス市内の低所得地域で教会に通っている人を対象とし、白人の被験者は同市内の高級住宅地域の教会に通っている人を対象とした。またCC群は、さまざまな社会経済的背景を持つ両人種から成るグループとした。これらの限られたデータから、社会経済的背景は社会的共感度に明確な影響を及ぼすものではない、という推測に至った。

性別では男女においてほぼ同じ結果が得られた。ベースライン比較では女性群の親近感度にわずかな増加が見られたものの、統計学的有意には達しなかった。対人エクササイズ後における親近感度の増加率は両群とも同様だった。

PMCID: PMC1693422.

18. ポジティブ心理学の進歩：心理学的介入の妥当性検証. Seligman, M. E. et al. Positive psychology progress: Empirical validation of interventions. *American Psychologist.* 2005, 60(5), 410– 421. PMID: 16045394.
19. ストレスのたまる出来事を日記につける：認知処理と感情表出の影響. Ullrich, P. M.; Lutgendorf, S. K. Journaling about stressful events: Effects of cognitive processing and emotional expression. *Annals of Behavioral Medicine.* 2002, 24(3), 244–250. PMID: 12173682.
20. 試験に対する心配事を書き出すと成績が上がる. Ramirez, G.; Beilock, S. L. Writing about testing worries boosts exam performance in the classroom. *Science.* 2011, 331(6014), 211–213. doi: 10.1126/science.1199427. PMID: 21233387.
21. 幸運な出来事が主観的幸福感に及ぼす影響：スペイン人の実例における感謝の気持ちがもたらす効果. Martínez-Martí, M. L..; Avia, M. D.; Hernández-Lloreda, M. J. The effects of counting blessings on subjective well-being: a gratitude intervention in a Spanish sample. *Spanish Journal of Psychology.* 2010, 13(2), 886-896. PMID: 20977036.
幸運な出来事vs.精神的負担：日常生活での感謝の気持ちおよび主観的幸福感の実験的研究. Emmons, R. A.; McCullough, M. E. Counting blessings versus burdens: an experimental investigation of gratitude and subjective well-being in daily life. *Journal of Personality and Social Psychology.* 2003, 84(2), 377–389. PMID: 12585811.
22. 思春期の幸運を数える：感謝の気持ちと主観的幸福感に関する実証研究. Froh, J. J.; Sefick, W. J.; Emmons, R. A. Counting blessings in early adolescents: an experimental study of gratitude and subjective well-being. *Journal of School Psychology.* 2008, 46(2), 213–233. doi: 10.1016/j.jsp.2007.03.005. PMID: 19083358.
23. 幸運な出来事vs.精神的負担：日常生活での感謝の気持ちおよび主観的幸福感の実験的研究. Emmons, R. A.; McCullough, M. E. Counting blessings versus burdens: an experimental investigation of gratitude and subjective well-being in daily life. *Journal of Personality and Social Psychology.* 2003, 84(2), 377–389. PMID: 12585811.
24. 思春期における感謝の気持ちおよび主観的幸福感：性別差の検証. Froh, J. J.; Yurkewicz, C.; Kashdan, T. B. Gratitude and subjective well-being in early adolescence: examining gender differences. *Journal of Adolescence.* 2009, 32(3), 633–650. doi: 10.1016/j.adolescence.2008.06.006. PMID: 18760465.
25. 成功に関する人種間差を縮小する：社会心理学的介入. Cohen, G. L.; Garcia, J.; Apfel, N.; Master, A. Reducing the racial achievement gap: a social-psychological intervention. *Science.* 2006, 313(5791), 1307–1310. PMID: 16946074.
26. 個人的目標と遷延性悲嘆障害の症状. Boelen, P. A. Personal goals and prolonged grief disorder symptoms. *Clinical Psychology and Psychotherapy.* 2011, 18(6), 439-444. doi: 10.1002/cpp.731. PMID: 21125691.

limited opposition. *Child Development.* 2006, 77(6), 1730–1745. PMID: 17107457.

9. 治療的法学（TJ）研究としてのピア・メディテーション・プログラム. Mc-William, N. A school peer mediation program as a context for exploring therapeutic jurisprudence (TJ): Can a peer mediation program inform the law? *International Journal of Law and Psychiatry.* 2010, 33(5- 6), 293–305. doi: 10.1016/j.ijlp.2010.09.002. PMID: 20932578.
10. こころの知能を高めるための入門書として、下記の二冊をお勧めしたい。
ハワード・ガードナー『多元的知能の世界—MI理論の活用と可能性』黒上晴夫訳. 日本文教出版, 2003, 291p. ISBN: 978-4783040316. Gardner, H. *Multiple Intelligences.* Reprint ed., Basic Books, 2006, 320p. ISBN: 978-0465047680.
ダニエル・ゴールマン『EQ　こころの知能指数』土屋京子訳. 講談社, 1998, 456p.,（プラスアルファ文庫）. ISBN: 978-4062562928. Goleman, D. *Emotional Intelligence: Why It Can Matter More Than IQ.* 10th Anniversary ed., Bantam Books, 2005, 384p. ISBN: 978-0553383713.
11. 兄弟関係の質と親の介入、および各兄弟の問題解決戦略ならびに転帰との関連性. Recchia, H. E.; Howe, N. Sibling relationship quality moderates the associations between parental interventions and siblings' independent conflict strategies and outcomes. *Journal of Family Psychology.* 2009, 23(4), 551–561. doi: 10.1037/a0014980. PMID: 19685990.
12. 気配りのある子育ては発達障害を有する子どもの暴力的行動を抑え、社会的行動を促す. Singh, N. N. et al. Mindful parenting decreases aggression and increases social behavior in children with developmental disabilities. *Behavior Modification.* 2007, 31(6), 749–771. PMID: 17932234.
13. マインドフルネスに基づく両親教育：破壊的な子どもを持つ家族における自動性の低下. Dumas, J. E. Mindfulness-based parent training: strategies to lessen the grip of automaticity in families with disruptive children. *Journal of Clinical Child and Adolescent Psychology.* 2005, 34(4), 779–791. PMID: 16232075.
14. 心のこもったしつけ：親子関係と家族問題予防研究. Duncan, L. G.; Coatsworth, J. D.; Greenberg, M. T. A model of mindful parenting: Implications for parent-child relationships and prevention research. *Clinical Child and Family Psychology Review.* 2009, 12(3), 255–270. doi: 10.1007/s10567-009-0046-3. PMCID: PMC2730447.
15. メンタルヘルスケアにおける思いやりのあるしつけ. Bögels, S. M.; Lehtonen, A.; Restifo, K. Mindful parenting in mental health care. *Mindfulness* (NY). 2010, 1(2), 107–120. PMCID: PMC2987569.
16. 思春期の幸運を数える：感謝の気持ちと主観的幸福感に関する実証研究. Froh, J. J.; Sefick, W. J.; Emmons, R. A. Counting blessings in early adolescents: An experimental study of gratitude and subjective well-being. *Journal of School Psychology.* 2008, 46(2), 213–233. doi: 10.1016/j.jsp.2007.03.005. PMID: 19083358.
17. バランスのとれた心理学と充実した生活. Seligman, M. E.; Parks, A. C.; Steen, T. A balanced psychology and a full life. *Philosophical Transactions of the Royal Society of London: Series B, Biological Sciences.* 2004, 359(1449), 1379–1381. doi: 10.1098/rstb.2004.1513.

18. 就職面接での極度の不安および言語能力の欠如を改善するための社交術トレーニング. Hollandsworth, J. G. Jr.; Glazeski, R. C.; Dressel, M. E. Use of social-skills training in the treatment of extreme anxiety and deficient verbal skills in the job-interview setting. *Journal of Applied Behavior Analysis.* 1978, 11(2), 259–269. PMCID: PMC1311297.
19. 医療チームとのコミュニケーションに対する患者の見解：チームワークを背景とするコミュニケーション評価ツール（CAT-T）を用いた予備的研究. Mercer, L. M. et al. Patient perspectives on communication with the medical team: Pilot study using the Communication Assessment Tool-Team (CAT-T). *Patient Education and Counseling.* 2008, 73(2), 220–223. doi: 10.1016/j.pec.2008.07.003. PMID: 18703306.

Chapter 12：家庭での共感コミュニケーション

1. アメリカ人幼児の日常体験における有意な相違, Hart, B.; Risley, T. R. *Meaningful Differences in the Everyday Experience of Young American Children.* 2nd ed., Brookes Publishing, 1995, 256p. ISBN: 978-1557661975.
2. テレビドラマの年齢別言語スタイル分析. Lee, C. H.; Park, J.; Seo, Y. S. An analysis of linguistic styles by inferred age in TV dramas. *Psychological Reports.* 2006, 99(2), 351–356. PMID: 17153803.
3. 幼児の情動ストループタスクの成績における個人差：行動学的および電気生理学的研究. Pérez-Edgar, K.; Fox, N. A. Individual differences in children's performance during an emotional Stroop task: a behavioral and electrophysiological study. *Brain and Cognition.* 2003, 52(1), 33–51. PMID: 12812803.
4. 幼児の不安感受性、自覚している意識、および選択的注意バイアス. Hunt, C.; Keogh, E.; French, C. C. Anxiety sensitivity, conscious awareness and selective attentional biases in children. *Behaviour Research and Therapy.* 2007, 45(3), 497–509. PMID: 16740250.
5. 幼児の神経質な性格と感情的単語の理解力：行動学的および電気生理学的研究. Pérez-Edgar, K.; Fox, N. A. Temperamental contributions to children's performance in an emotion-word processing task: a behavioral and electrophysiological study. *Brain and Cognition.* 2007, 65(1), 22–35. PMCID: PMC2042968.
6. 兄弟間、親子間、夫婦間の交渉における力関係および問題解決法. Recchia, H. E.; Ross, H. S.; Vickar, M. Power and conflict resolution in sibling, parent-child, and spousal negotiations. *Journal of Family Psychology.* 2010, 24(5), 605–615. doi: 10.1037/a0020871. PMID: 20954771.
7. 問題解決、争い、苦悩：兄弟間における利害の衝突の解決法. Ram, A.; Ross, H. S. Problem solving, contention, and struggle: How siblings resolve a conflict of interests. *Child Development.* 2001, 72(6), 1710–1722. PMID: 11768141.
8. 兄弟間の問題解決：ファーストオファー、計画、反発の制限の重要性. Ross, H. et al. How siblings resolve their conflicts: the importance of first offers, planning, and

side of CEO personality: examining core self-evaluations, narcissism, transformational leadership, and strategic influence. *Journal of Applied Psychology.* 2009, 94(6), 1365–1381. doi: 10.1037/a0016238. PMID: 19916649.

7. コメディカル・ヘルス・プログラムの責任者によるリーダーシップ行動. Firestone, D. T. A study of leadership behaviors among chairpersons in allied health programs. *Journal of Allied Health.* 2010, 39(1), 34–42. PMID: 20217005.
8. 学校長の変革型リーダーシップと教師の集団効力感. Dussault, M.; Payette, D.; Leroux, M. Principals' transformational leadership and teachers' collective efficacy. *Psychological Reports.* 2008, 102(2), 401–410. PMID: 18567210.
9. 「非リーダーシップ」についての検討：自由放任型リーダーシップから報酬および懲罰省略型リーダーシップへ. Hinkin, T. R.; Schriesheim, C. A. An examination of 'nonleadership': from laissez-faire leadership to leader reward omission and punishment omission. *Journal of Applied Psychology.* 2008, 93(6)1234–1248. doi: 10.1037/a0012875. PMID: 19025245.
10. 自由放任型リーダーシップ行動の破壊性. Skogstad, A. et al. The destructiveness of laissez-faire leadership behavior. *Journal of Occupational Health Psychology.* 2007, 12(1), 80–92. PMID: 17257068.
11. 画期的な交渉. Kolb, D. M.; Williams, J. Breakthrough bargaining. *Harvard Business Review.* 2001, 79(2), 88–97, 156. PMID: 11213701.
12. リーダーシップ＝コミュニケーション？　リーダーのコミュニケーションスタイル、知識共有およびリーダーシップの成果の関係. De Vries R. E., Bakker- Pieper A, Oostenveld W. Leadership = communication? The relations of leaders' communication styles with leadership styles, knowledge sharing and leadership outcomes. *Journal of Business and Psychology.* 2010, 25(3), 367–380. PMCID: PMC2912722.
13. 働き過ぎてはいませんか？　心身医学の権威ハーバート・ベンソン博士との対談. Benson, H. Are you working too hard? A conversation with mind/body researcher Herbert Benson. *Harvard Business Review.* 2005, 83(11), 53–58, 165. PMID: 16299960.
14. ビジネスチームの業績におけるポジティビティとコネクティビティの役割：非線形力学モデル. Losada, M.; Heaphy, E. The role of positivity and connectivity in the performance of business teams: A nonlinear dynamics model. *American Behavioral Scientist.* 2004, 47(6), 740–765. doi: 10.1177/0002764203260208.
15. フォロワーを感動させる：部下の感情を動かすカリスマ的リーダー. Erez, A. et al. Stirring the hearts of followers: Charismatic leadership as the transferal of affect. *Journal of Applied Psychology.* 2008, 93(3), 602–616. doi: 10.1037/0021-9010.93.3.602. PMID: 18457489.
16. ポジティブ感情と人類繁栄の複雑系力学. Fredrickson, B. L.; Losada, M. F. Positive affect and the complex dynamics of human flourishing. *American Psychologist.* 2005, 60(7), 678–686. PMCID: PMC3126111.
17. 初面接での無音ポーズの有意性. Siegman, A. W. The meaning of silent pauses in the initial interview. *Journal of Nervous and Mental Disease.* 1978, 166(9), 642–654. PMID: 690624.

R.; Schachner, D. A.; Mikulincer, M. Attachment style, excessive reassurance seeking, relationship processes, and depression. *Personality and Social Psychology Bulletin.* 2005, 31(3), 343–359. PMID: 15657450.

24. 脳の構造、機能、および脳内化学物質における性差. Cosgrove, K. P.; Mazure, C. M.; Staley, J. K. Evolving knowledge of sex differences in brain structure, function, and chemistry. *Biological Psychiatry.* 2007, 62(8), 847–855. PMCID: PMC2711771.
認知機能における性差. Weiss, E. M. et al. Gender differences in cognitive functions. *Fortschritte der Neurologie-Psychiatrie.* 2005, 73(10), 587–595. PMID: 16217699.
25. 課題時の脳活性に性差はない：健常者を対象にしたfMRI研究. Schmidt, H. et al. No gender differences in brain activation during the N-back task: An fMRI study in healthy individuals. *Human Brain Mapping.* 2009, 30(11), 3609–3615. doi: 10.1002/hbm.20783. PMID: 19387979.
Kaiser, A.; Haller, S.; Schmitz, S.; Nitsch, C. fMRIを用いた言語処理能力研究における性／性差間の相違点と類似点. On sex/gender related similarities and differences in fMRI language research. *Brain Research Reviews.* 2009, 61(2), 49–59. doi: 10.1016/j.brainresrev.2009.03.005. PMID: 19406148.
26. "脳に関する迷信トップ10". Helmuth, L. "Top Ten Myths About the Brain". Smithsonian.com. 2011-05-20. http://www.smithsonianmag.com/science-nature/Top-Ten-Myths-About-the-Brain.html (cited 2013-12-10).

Chapter 11：**職場での共感コミュニケーション**

1. 額面通りの価値がある：扁桃体の反応にみる第一印象の妥当性. Rule, N. O. et al. Face value: Amygdala response reflects the validity of first impressions. *Neuroimage.* 2011, 54(1), 734–741. doi: 10.1016/j.neuroimage.2010.07.007. PMID: 20633663.
2. リーダーとフォロワー間の価値観の一致：社交的かつカリスマ性のあるリーダーは成功する可能性が高い？. Brown, M. E.; Treviño, L. K. Leader-follower values congruence: Are socialized charismatic leaders better able to achieve it? *Journal of Applied Psychology.* 2009, 94(2), 478–490. doi: 10.1037/a0014069. PMID: 19271802.
3. 自己管理. Drucker, P. R. Managing Oneself. *The Best of Harvard Business Review.* 1999, 2005-01増刷.
4. "バリューステートメントは時間の浪費？". Goldsmith, M. "Are You Wasting Your Time On Values Statements?". *TheHuffingtonPost.com.* 2009-07-14. http://www.huffingtonpost.com/marshall-goldsmith/values-you-see-in-action_b_231131.html. (cited 2013-12-11).
5. "フィードフォワードを用いたリーダーシップ・コーチング, Goldsmith M. "Leadership coaching with feedforward". *Leadership Coaching.* Passmore, J., Ed. Kogan Page, 2010, 177-186. ISBN: 978-0749455323.
6. CEOの性格における長所と短所：中核的自己評価、ナルシズム、変革型リーダーシップ、および戦略的影響の検討. Resick, C. J. et al. The bright-side and the dark-

Consulting and Clinical Psychology. 2002, 70(2), 406–416. PMID: 11952199.
12. 「やり残したこと」に決着をつける：空椅子を用いた会話エクササイズによる体験過程療法の有効性. Paivio, S. C.; Greenberg, L. S. Resolving 'unfinished business': Efficacy of experiential therapy using empty-chair dialogue. *Journal of Consulting and Clinical Psychology*. 1995, 63(3), 419–425. PMID: 7608354.
13. ティック・ナット・ハン著『Present Moment, Wonderful Moment—この瞬間がすべての幸福』星飛雄馬訳. サンガ, 2007, 262p. ISBN: 978-4901679602. Hanh T. *Present Moment, Wonderful Moment*. Parallax Press, 1990.
14. どのようにあなたを愛しているのでしょうか？　愛し方を数えてみましょう：筆記表現法の社会的効果. Slatcher, R. B.; Pennebaker, J. W. How do I love thee? Let me count the words: the social effects of expressive writing. *Psychological Science*. 2006, 17(8), 660–664. PMID: 16913946.
15. 夫婦間の対立時の認知的表現の使用による炎症性サイトカイン濃度の上昇. Graham, J. E.; Glaser, R.; Loving, T. J. et al. Cognitive word use during marital conflict and increases in proinflammatory cytokines. *Health Psychology*. 2009, 28(5), 621–630. doi: 10.1037/a0015208. PMCID: PMC3684173.
16. 自律神経性表現型反芻. Ottaviani, C. et al. The autonomic phenotype of rumination. *International Journal of Psychophysiology*. 2009, 72(3), 267–275. doi: 10.1016/j.ijpsycho.2008.12.014. PMID: 19272312.
17. 敵対意識のある環境での衝動性とスキーマ：暴力行為の後づけ因子. James, M.; Seager, J. A. Impulsivity and schemas for a hostile world: Postdictors of violent behaviour. *International Journal of Offender Therapy and Comparative Criminology*. 2006, 50(1), 47–56. PMID: 16397121.
18. 夫婦間における批判的バイアス. Peterson, K. M.; Smith, D. A.; Windle, C. R. Explication of interspousal criticality bias. *Behaviour Research and Therapy*. 2009, 47(6), 478–486. doi: 10.1016/j.brat.2009.02.012. PMCID: PMC2688957.
19. 抑うつおよび夫婦間不和における配偶者からの批判に対する過剰認知. Smith, D. A.; Peterson, K. M. Overperception of spousal criticism in dysphoria and marital discord. *Behavior Therapy*. 2008, 39(3), 300–312. doi: 10.1016/j.beth.2007.09.002. PMID: 18721643.
20. 結婚満足度、うつ病、原因帰属：縦断的解析. Fincham, F. D.; Bradbury, T. N. Marital satisfaction, depression, and attributions: A longitudinal analysis. *Journal of Personality and Social Psychology*. 1993, 64(3), 442–452. PMID: 8468671.
21. 表出情動、認識された批判、およびうつ病の10年後転帰. Kronmüller, K. T. et al. Expressed emotion, perceived criticism and 10-year outcome of depression. *Psychiatry Research*. 2008, 159(1–2), 50–55. doi: 10.1016/j.psychres.2007.07.009. PMID: 18387673.
22. 認識された批判とは：建設的、非建設的、および全般的批判. Peterson, K. M.; Smith, D. A. To what does perceived criticism refer? Constructive, destructive, and general criticism. *Journal of Family Psychology*. 2010, 24(1), 97–100. doi: 10.1037/a0017950. PMID: 20175615.
23. 愛着行動パターン、自信の過剰希求、親密化のプロセス、および抑うつ. Shaver, P.

L. et al. Perceptions of conflict and support in romantic relationships: the role of attachment anxiety. *Journal of Personality and Social Psychology*. 2005, 88(3), 510–531. PMID: 15740443.

3. ソシオメーターの測定：自尊心の随伴性. Murray, S. L. et al. Calibrating the sociometer: the relational contingencies of self-esteem. *Journal of Personality and Social Psychology*. 2003, 85(1), 63–84. PMID: 12872885.
4. 脅威の感知および分析プロセスとしてのリスク・アセスメント. Blanchard, D. C. et al. Risk assessment as an evolved threat detection and analysis process. *Neuroscience and Biobehavioral Reviews*. 2011, 35(4), 991–998. doi: 10.1016/j.neubiorev.2010.10.016. PMID: 21056591.
   ミラーニューロン、手続き学習、ポジティブな新しい経験：発達システム的自己心理学アプローチ. Wolf, N. S.; Gales, M.; Shane, E.; Shane, M. Mirror neurons, procedural learning, and the positive new experience: A developmental systems self psychology approach. *Journal of the American Academy of Psychoanalysis*. 2000, 28(3), 409–430. PMID: 11109223.
5. 対立後のパートナーの表情に対する脳神経活動に予測される自己制御力. Hooker, C. I. et al. Neural activity to a partner's facial expression predicts self-regulation after conflict. *Biological Psychiatry*. 2010, 67(5), 406–413. doi: 10.1016/j.biopsych.2009.10.014. PMCID: PMC2913711.
6. 高齢既婚者における夫婦間対立時のコルチゾール反応：要求／引くコミュニケーションパターンとの関連性. Heffner, K. L. et al. Older spouses' cortisol responses to marital conflict: Associations with demand/withdraw communication patterns. *Journal of Behavioral Medicine*. 2006, 29(4), 317–325. PMID: 16786411.
7. 中年および高齢者夫婦における対立と連携：II. 夫婦間での意思疎通時の心臓血管系反応. Smith, T. et al. Conflict and collaboration in middle-aged and older couples: II. Cardiovascular reactivity during marital interaction. *Psychology and Aging*. 2009, 24(2), 274–286. doi: 10.1037/a0016067. PMID: 19485647.
8. 敵対心のある夫婦間での意思疎通、炎症性サイトカインの産生、および創傷治癒. Kiecolt-Glaser, J. et al. Hostile marital interactions, proinflammatory cytokine production, and wound healing. *Archives of General Psychiatry*. 2005, 62(12), 1377–1384. PMID: 16330726.
9. 結婚行動、オキシトシンならびにバソプレシン血中濃度、および創傷治癒. Gouin, J. P. et al. Marital behavior, oxytocin, vasopressin, and wound healing. *Psychoneuroendocrinology*. 2010, 35(7), 1082–1090. doi: 10.1016/j.psyneuen.2010.01.009. PMCID: PMC2888874.
10. 恋愛関係の満足感および関係から生じるストレスへの反応におけるマインドフルネスの役割. Barnes, S. et al. The role of mindfulness in romantic relationship satisfaction and responses to relationship stress. *Journal of Marital and Family Therapy*. 2007, 33(4), 482–500. PMID: 17935531.
11. やり残したことに決着をつける：問題解決のプロセスと治療効果. Greenberg, L. S.; Malcolm, W. Resolving unfinished business: relating process to outcome. *Journal of*

222–230. PMID: 11873343.
42. 音韻的短期記憶と発話処理能力の関係. Jacquemot, C.; Scott, S. K. What is the relationship between phonological short-term memory and speech processing? *Trends in Cognitive Sciences.* 2006, 10(11), 480–486. doi: 10.1016/j.tics.2006.09.002. PMID: 16997610.
43. 患者の悩みにはたらきかける. Marvel, M. K. et al. Soliciting the patient's agenda: have we improved? *Journal of the American Medical Association.* 1999, 281(3), 283–287. PMID: 9918487.
44. 話す内容よりも話し方：情緒的韻律に関与する前頭-側頭葉ネットワーク. Leitman, D. I. et al. It's not what you say, but how you say it': A reciprocal temporo-frontal network for affective prosody. *Frontiers in Human Neuroscience.* 2010, 4(19). doi: 10.3389/fnhum.2010.00019. PMCID: PMC2831710.
45. 若年成人および高齢者の情緒的韻律の使用. Dupuis, K.; Pichora-Fuller, M. K. Use of affective prosody by young and older adults. *Psychology and Aging.* 2010, 25(1), 16–29. doi: 10.1037/a0018777. PMID: 20230124.
46. 顔のおよび声の感情に対するサル扁桃体の単一ニューロンの反応(*). Kuraoka, K.; Nakamura, K. Responses of single neurons in monkey amygdala to facial and vocal emotions. *Journal of Neurophysiology.* 2007, 97(2), 1379–1387. PMID: 17182913.

Chapter 9：「共感コミュニケーション」を実践する

1. ストレスのたまる出来事を日記につける：認知処理および感情表出の影響. Ullrich, P. M.; Lutgendorf, S. K. Journaling about stressful events: Effects of cognitive processing and emotional expression. *Annals of Behavioral Medicine.* 2002, 24(3), 244–250. PMID: 12173682.
新たに乳がんと診断された女性患者が日記をつけることの効果. Smith, S. et al. The effects of journaling for women with newly diagnosed breast cancer. *Psycho-Oncology.* 2005, 14(12), 1075–1082. PMID: 15704148.
2. 発話に対する心臓血管反応性：血圧と脈拍数に関与する会話構成およびグループ差. Tardy, C. H.; Allen, M. T. Moderators of cardiovascular reactivity to speech: discourse production and group variations in blood pressure and pulse rate. *International Journal of Psychophysiology.* 1998, 29(3), 247–254. PMID: 9666379.

Chapter 10：パートナーとの共感コミュニケーション

1. 信頼、関係の評価の変遷、および親密化のプロセス. Campbell, L. et al. Trust, variability in relationship evaluations, and relationship processes. *Journal of Personality and Social Psychology.* 2010, 99(1), 14–31. doi: 10.1037/a0019714. PMID: 20565183.
2. 恋愛関係での対立およびサポートに対する認識：分離不安の役割. Campbell,

10.1007/s00520-011-1187-8. PMID: 21573770.

34. 青年および高齢者におけるスピードの速い会話の理解力. Gordon, M. S.; Daneman, M.; Schneider, B. A. Comprehension of speeded discourse by younger and older listeners. *Experimental Aging Research.* 2009, 35(3), 277-296. doi: 10.1080/03610730902769262. PMID: 19449242.
35. 迅速さと甘言：メッセージの詳細を伝える際に早口の発話は説得力を増減させる. Smith, S. M.; Shaffer, D. R. Celerity and cajolery: Rapid speech may promote or inhibit persuasion through its impact on message elaboration. *Personality and Social Psychology Bulletin.* 1991, 17(6), 663–669. doi: 10.1177/0146167291176009.
36. 発話速度および構音障害音声の明瞭度に対するレート制御の効果. Van Nuffelen, G. et al. The effect of rate control on speech rate and intelligibility of dysarthric speech. *Folia Phoniatrica et Logopaedica.* 2009, 61(2), 69–75. doi: 10.1159/000208805. PMID: 19287175.
吃音を有する幼稚園児の短文スピーチサンプル使用時での発話速度、吃音の長さ、および文法の複雑さの影響. Sawyer, J.; Chon, H.; Ambrose, N. G. Influences of rate, length, and complexity on speech disfluency in a single-speech sample in preschool children who stutter. *Journal of Fluency Disorders.* 2008, 33(3), 220–240. doi: 10.1016/j.jfludis.2008.06.003. PMCID: PMC2621061.
37. 発話速度に関するステレオタイプの影響、発話速度の類似、または聞き手による話し手の評価. Street, R. L.; Brady, R. M.; Putman, W. B. The influence of speech rate stereotypes and rate similarity or listeners' evaluations of speakers. *Journal of Language and Social Psychology.* 1983, 2(1), 37–56. doi: 10.1177/0261927X8300200103.
38. "早口には説得力がある？". Dean, J. "Are fast talkers more persuasive?" *Psyblog.* 2010-11-24. http://www.spring.org.uk/2010/11/are-fast-talkers-more-persuasive.php. (cited 2013-12-10).
39. 母親の発話速度が子どもの発話速度に与える影響. Guitar, B.; Marchinkoski, L. Influence of mothers' slower speech on their children's speech rate. *Journal of Speech, Language, and Hearing Research.* 2001, 44(4), 853–861. PMID: 11521777.
40. 恐れ、不安、悲しみ、抑うつのボイス：発話速度ならびに声の大きさが恐れ、不安、悲しみ、抑うつの情動に与える影響. Siegman, A. W.; Boyle, S. Voices of fear and anxiety and sadness and depression: he effects of speech rate and loudness on fear and anxiety and sadness and depression. *Journal of Abnormal Psychology.* 1993, 102(3), 430–437, PMID: 8408955.
怒りのボイス：その体験と心臓血管系反応への影響. Siegman, A. W.; Anderson, R. A.; Berger, T. The angry voice: Its effects on the experience of anger and cardiovascular reactivity. *Psychosomatic Medicine.* 1990, 52(6), 631–643. PMID: 2287702.
41. 話を聞いてもらっていると感じること：「なる人」としての実体験. Kagan P. N. Feeling listened to: A lived experience of human becoming. *Nursing Science Quarterly.* 2008, 21(1), 59–67. PMID: 18096987.
理解してもらっていると感じること：「なる人」のメロディ. Jonas-Simpson, C. M. Feeling understood: a melody of humanbecoming. *Nursing Science Quarterly.* 2001, 14(3),

effect: mechanisms and development. *Trends in Cognitive Sciences.* 2009, 13(3), 127–134. doi: 10.1016/j.tics.2008.11.009. PMID: 19217822.

24. オキシトシンはヒトにおける扁桃体依存の社会的強化学習力および情動的共感力を促進させる. Hurlemann, R. et al. Oxytocin enhances amygdala-dependent, socially reinforced learning and emotional empathy in humans. *Journal of Neuroscience.* 2010, 30(14), 4999–5007. doi: 10.1523/JNEUROSCI.5538-09.2010. PMID: 20371820.
カップルの対立でのオキシトシンの経鼻腔投与による肯定的なコミュニケーションの増加およびコルチゾール値の低下. Ditzen, B. et al. Intranasal oxytocin increases positive communication and reduces cortisol levels during couple conflict. *Biological Psychiatry.* 2009, 65(9), 728–731. doi: 10.1016/j.biopsych.2008.10.011. PMID: 19027101.
25. "顔表情の読み取り方に詳しくなろう". Ekman P. "Become versed in reading faces". *Entrepreneur.* 2009-03-26. http://www.entrepreneur.com/article/200934, (cited 2013-12-16).
26. 自己対象化と褒め方のタイプ：否定的な態度への効果. Fea, C. J.; Brannon, L. A. Self-objectification and compliment type: Effects on negative mood. *Body Image.* 2006, 3(2), 183–188. PMID: 18089221.
27. メイヨー・クリニック・スタッフ. "幸せになる方法：満足感をはぐくむヒント". メイヨー・クリニック. "How to be happy: Tips for cultivating contentment" http://www.mayoclinic.com/health/how-to-be-happy/MY01357. (cited 2013-12-10).
28. 「先生の評判はうかがっております」：患者が外科医を褒めるとき. Hudak, P. L. et al. "I've heard wonderful things about you": how patients compliment surgeons. *Sociology of Health and Illness.* 2010, 32(5), 777–797. doi: 10.1111/j.1467-9566.2010.01248.x. PMCID: PMC3605890.
29. 表情と声による感情表出. Russell, J. A.; Bachorowski, J. A.; Fernandez-Dols, J. M. Facial and vocal expressions of emotion. *Annual Review of Psychology.* 2003, 54, 329–349. doi: 10.1146/annurev.psych.54.101601.145102. PMID: 12415074.
30. 「1000語分に値する」：非言語的アフェクト・ボーカライゼーションの絶対的および相対的解釈. Hawk, S. T. et al. 'Worth a thousand words': Absolute and relative decoding of nonlinguistic affect vocalizations. *Emotion.* 2009, 9(3), 293–305. doi: 10.1037/a0015178. PMID: 19485607.
31. 声による非言語的感情表出における知覚的手がかり. Sauter, D. A. et al. Perceptual cues in nonverbal vocal expressions of emotion. *Quarterly Journal of Experimental Psychology* (Colchester). 2010, 63(11), 2251–2272. doi: 10.1080/17470211003721642. PMID: 20437296.
32 音空間での情動マッピング：音声生成の役割. Patel, S. et al. Mapping emotions into acoustic space: the role of voice production. *Biological Psychiatry.* 2011, 87(1), 93–98. doi: 10.1016/j.biopsycho.2011.02.010. PMID: 21354259.
33. 腫瘍診断結果に関する話し合いの音声分析：声の高さと会話速度の低下、および共感の非言語コミュニケーション. McHenry, M. et al. Voice analysis during bad news discussion in oncology: reduced pitch, decreased speaking rate, and nonverbal communication of empathy. *Supportive Care in Cancer.* 2012, 20(5), 1073-1078. doi:

j.pec.2009.09.041. PMID: 19879093.

12. 将来の成功を見通す：モチベーションに対する成功の視覚化の影響. Vasquez, N. A.; Buehler, R. Seeing future success: Does imagery perspective influence achievement motivation? *Personality and Social Psychology Bulletin*. 2007, 33(10), 1392–1405. PMID: 17933735.
13. さまざまな精神疾患治療における心的イメージおよび情動：うつ病の一例. Holmes, E. A.; Lang, T. J.; Deeprose, C. Mental imagery and emotion in treatment across disorders: Using the example of depression. *Cognitive Behaviour Therapy*. 2009, 38(Suppl 1), 21-28. doi: 10.1080/16506070902980729. PMID: 19697177.
14. 楽観主義志向を作り出す. Fosnaugh, J.; Geers, A. L.; Wellman, J. A. Giving off a rosy glow: The manipulation of an optimistic orientation. *Journal of Social Psychology*. 2009,149(3), 349–364. doi: 10.3200/SOCP.149.3.349-364. PMID: 19537600.
15. 幼少期の記憶への対処法：理論と実践. Arntz, A.; Weertman, A. Treatment of childhood memories: Theory and practice. *Behaviour Research and Therapy*. 1999, 37(8), 715–740. PMID: 10452174.
16. マーティン・セリグマン著『オプティミストはなぜ成功するか　新装版』山崎宣子訳. パンローリング, 2013, 381p.,（フェニックスシリーズ）. ISBN: 978-4775941102.）Seligman M. E. *Learned Optimism*. Free Press, 1997.17.
17. ポジティブ心理学による幸福感の向上とうつ症状の軽減：メタ分析 Sin, N. L.; Lyubomirsky, S. Enhancing well-being and alleviating depressive symptoms with positive psychology interventions: a practice-friendly meta-analysis. *Journal of Clinical Psychology*. 2009, 65(5), 467–487. doi: 10.1002/jclp.20593. PMID: 19301241.
18. イタリア人の若者における逸脱：予測因子としての価値体系. Froggio, G.; Lori, M. Deviance among young Italians: Investigating the predictive strength of value systems. *International Journal of Offender Therapy and Comparative Criminology*. 2010, 54(4), 581–596. doi: 10.1177/0306624X09333435. PMID: 19329670.
19. 顔の表情、そのコミュニケーション機能、および認知に関与する神経基質. Blair, R. J. Facial expressions, their communicatory functions and neuro-cognitive substrates. *Philosophical Transactions of the Royal Society of London: Series B, Biological Sciences*. 2003, 358(1431), 561–572. PMCID: PMC1693136.
20. 表情は言葉より語る：表情を介した「情動伝染」は感情移入の第一歩なのか？. Sonnby-Borgström, M. The facial expression says more than words: Is emotional "contagion" via facial expression the first step toward empathy? *Lakartidningen*. 2002, 99(13), 1438–1442. PMID: 11989352.
21. 思考から生じる苦痛の軽減に対する減ネガティブ思考および増ポジティブ思考トレーニングの効果. Dua, J.; Price, I. Effectiveness of training in negative thought reduction and positive thought increment in reducing thought-produced distress. *Journal of Genetic Psychology*. 1993, 154(1), 97–109. PMID: 8331334.
22. 記号学論ハンドブック Nöth, W. *Handbook of Semiotics* (Advances in Semiotics). Indiana University Press, 1995, 592p. ISBN: 978-0253209597.
23. アイコンタクトの効果：その機序と発達. Senju, A.; Johnson, M. H. The eye contact

Chapter 8：「共感コミュニケーション」を理解する

1. 過剰なストレス：新たな診断. Lunney, M. Stress overload: A new diagnosis. *International Journal of Nursing Terminologies and Classifications.* 2006, 17(4), 165–175. PMID: 17117946.
2. 短期の瞑想トレーニングによる注意力および自己調整力の改善. Tang, Y. Y. et al. Short-term meditation training improves attention and self-regulation. *Proceedings of the National Academy of Sciences of the United States of America.* 2007, 104(43), 17152–17156. PMCID: PMC2040428.
3. 瞑想状態の持続に関する脳の処理能力の研究. Baerentsen, K. B. et al. An investigation of brain processes supporting meditation. *Cognitive Processing.* 2010, 11(1), 57–84. doi: 10.1007/s10339-009-0342-3. PMID19876663.
4. 看護学校での不安緩和およびリラクゼーション促進の方法としての共同瞑想. Malinski, V. M.; Todaro-Franceschi, V. Exploring co-meditation as a means of reducing anxiety and facilitating relaxation in a nursing school setting. *Journal of Holistic Nursing.* 2011, 29(4), 242-248. doi: 10.1177/0898010111398334. PMID: 21357180.
5. ゲートウェイズ・トゥ・ナウ, Tolle, E. *Gateways to Now.* Simon and Schuster Audio, 2003. (Inner Life), (Audio CD). ISBN: 978-0743535472.
6. オブジェクトに基づく注意喚起. Drummond, L.; Shomstein, S. Object-based attention: Shifting or uncertainty? *Attention, Perception, and Psychophysics.* 2010, 72(7), 1743–1755. doi: 10.3758/APP.72.7.1743. PMID: 20952774.
7. 何も考えないことについて思考する：座禅中の脳における概念処理の神経相関. Pagnoni, G.; Cekic, M.; Guo, Y. Thinking about not-thinking': Neural correlates of conceptual processing during Zen meditation. *PLoS One.* 2008, 3(9), e3083. doi: 10.1371/journal.pone.000308.
8. 年齢は灰白質の容量および座禅中の注意力に影響を与える. Pagnoni G, Cekic M. Age effects on gray matter volume and attentional performance in Zen meditation. *Neurobiology of Aging.* 2007, 28(10), 1623–1627. PMID: 17655980.
9. バーバラ・フレドリクソン著『ポジティブな人だけがうまくいく3:1の法則』植木理恵監修, 高橋由起子訳. 日本実業出版社, 2010, 317p. ISBN: 978-4534047243. Fredrickson, B. L. *Positivity: Top-Notch Research Reveals the 3 to 1 Ratio That Will Change Your Life.* Harmony, 2009, 288p. ISBN: 978-0307393746.
10. 大うつ病の心理療法における情動バランス：Balanced states of mind（BSOM）モデルの評価. Schwartz, R. M. et al. Optimal and normal affect balance in psychotherapy of major depression: Evaluation of the balanced states of mind model. *Behavioral and Cognitive Psychotherapy.* 2002, 30(4), 439–450. doi: 10.1017/S1352465802004058.
11. 患者・看護者間コミュニケーションおよび低所得成人：年齢、人種、識字力および楽観主義に予測される満足度. Jensen, J. D. et al. Patient-provider communication and low-income adults: Age, race, literacy, and optimism predict communication satisfaction. *Patient and Educational Counseling.* 2010, 79(1), 30–35. doi: 10.1016/

11. 文化背景が注意制御に関与する神経基質に与える影響. Hedden, T. et al. Cultural influences on neural substrates of attentional control. Cultural influences on neural substrates of attentional control. *Psychological Science.* 2008, 19(1), 12–17. doi: 10.1111/j.1467-9280.2008.02038.x. PMID: 18181784.
12. 高所得は人生評価を向上させるが精神的安定にはつながらない. Kahneman, D.; Deaton, A. High income improves evaluation of life but not emotional well-being. *Proceedings of the National Academy of Sciences of the United States of America.* 2010, 107(38), 16489–16493. doi: 10.1073/pnas.1011492107. PMCID: PMC2944762.
13. 世界中の富と幸福：物質的豊かさは人生評価を、心理社会的成功はポジティブな感情を予測する. Diener, E. et al. Wealth and happiness across the world: Material prosperity predicts life evaluation, whereas psychosocial prosperity predicts positive feeling. *Journal of Personality and Social Psychology.* 2010, 99(1), 52–61. doi: 10.1037/a0018066. PMID: 20565185.
14. 幸福感に対する富の二重効果. Quoidbach, J. et al. Money giveth, money taketh away: the dual effect of wealth on happiness. *Psychological Science.* 2010, 21(6), 759–763. doi: 10.1177/0956797610371963. PMID: 20483819.
15. 心停止生存者における臨死体験、認知機能および心理的転帰. Parnia, S.; Spearpoint, K.; Fenwick, P. B. Near death experiences, cognitive function and psychological outcomes of surviving cardiac arrest. *Resuscitation.* 2007, 74(2), 215–221. PMID: 17416449.
16. 欲、死、価値観：存在脅威管理理論から超越管理理論へ. Cozzolino, P. J.; Staples, A. D.; Meyers, L. S.; Samboceti, J. Greed, death, and values: From terror management to transcendence management theory. *Personality and Social Psychology Bulletin.* 2004, 30(3), 278–292. PMID: 15030620.
17. 看護師の職業的および個人的価値観. Rassin, M. Nurses' professional and personal values. *Nursing Ethics.* 2008, 15(5), 614–630. doi: 10.1177/0969733008092870. PMID: 18687816.
18. 極度の疲労を呈する看護師の個人的および職業的価値観. Altun, I. Burnout and nurses' personal and professional values. *Nursing Ethics.* 2002, 9(3), 269–278. PMID: 12035432.
19. 仕事の量、価値観、極度の疲労：医師との関連性. Leiter, M. P.; Frank, E.; Matheson, T. J. Demands, values, and burnout: Relevance for physicians. *Canadian Family Physician.* 2009, 55(12), 1224–1225, 1225.e1–6. PMCID: PMC2793232.
20. 価値観の影響力. Levin, R. P. The power of values. *Journal of the American Dental Association.* 2003, 134(11), 1520–1521. PMID: 14664274.
21. "高等教育における精神性：大学生の生きがいおよび目的の探究に関する全国調査". 高等教育研究所, 米カリフォルニア大学ロサンゼルス校. "Spirituality in higher education: A national study of college students' search for meaning and purpose". Higher Education Research Institute, University of California, Los Angeles. http://www.spirituality.ucla.edu, (cited 2013-12-10).

自己肯定による反芻行動の減少. Koole, S. L. et al. The cessation of rumination through self-affirmation. *Journal of Personality and Social Psychology*. 1999, 77(1), 111–125. doi: 10.1037/0022-3514.77.1.111.
3. 個人的価値観と疼痛耐性. Branstetter-Rost, A.; Cushing, C.; Douleh T. Personal values and pain tolerance: Does a values intervention add to acceptance? *Journal of Pain*. 2009 Aug; 10(8):887–892. doi: 10.1016/j.jpain.2009.01.001. PMID: 19398384.
4. "価値観から価値を得るために大切な10のこと". Kanter, R. M. "Ten Essentials for Getting Value from Values". *Harvard Business Review*. 2010-06-14. http://blogs.hbr.org/2010/06/ten-essentials-for-getting-val, (cited 2013-12-11).
5. 同上
6. 快楽主義的および伝統的価値観からわかる消費者の食品選択に関する動機づけおよびパンの嗜好. Pohjanheimo, T. et al. Food choice motives and bread liking of consumers embracing hedonistic and traditional values. *Appetite*. 2010, 54(1), 170–180. doi: 10.1016/j.appet.2009.10.004. PMID: 19835923.
7. 絶対的価値vs.相対的価値：医学的判断および患者と医師の性格への影響. Neumann, J. K.; Olive, K. E.; McVeigh, S. D. Absolute versus relative values: Effects on medical decisions and personality of patients and physicians. *Southern Medical Journal*. 1999, 92(9), 871–876. PMID: 10498161.
8. 男女の性別的および中性的価値観における遺伝的および環境的影響. Knafo, A.; Spinath, F. M. Genetic and environmental influences on girls' and boys' gender-typed and gender-neutral values. *Developmental Psychology*. 2011, 47(3), 726–731. doi: 10.1037/a0021910. PMID: 21142356.
Portrait Values Questionnaireにおける表現型、遺伝的および環境的特性. Schermer, J. A. et al. Phenotypic, genetic, and environmental properties of the portrait values questionnaire. *Twin Research and Human Genetics*. 2008, 11(5), 531–537. doi: 10.1375/twin.11.5.531. PMID: 18828736.
9. 仕事の重要性の意義：職務遂行能力の効果、関係性維持機制、および境界条件. Grant, A. M. The significance of task significance: Job performance effects, relational mechanisms, and boundary conditions. *Journal of Applied Psychology*. 2008, 93(1), 108–124. doi: 10.1037/0021-9010.93.1.108. PMID: 18211139.
母親および友人からの期待に対する調整役としての個人的価値観、および思春期の行動. Padilla-Walker, L. M.; Carlo, G. Personal values as a mediator between parent and peer expectations and adolescent behaviors. *Journal of Family Psychology*. 2007, 21(3), 538–541. PMID: 17874940.
社会志向性：社会適応に高リスクを有する若者の対人関係問題解決における問題行動および動機づけ. Kuperminc, G. P.; Allen, J. P. Social orientation: Problem behavior and motivations toward interpersonal problem solving among high risk adolescents. *Journal of Youth and Adolescence*. 2001, 30(5), 597–622. PMCID: PMC1552093.
10. 個人主義的および集団主義的な自己理解に関与する神経基盤. Chiao, J. Y. et al. Neural basis of individualistic and collectivistic views of self. *Human Brain Mapping*. 2009 Sep; 30(9):2813–2820. doi: 10.1002/hbm.20707. PMID: 19107754.

23. なぜ笑顔は人から人へ広がりやすいのか：顔面情動および顔面運動の認知相互作用に関するfMRI研究. Wild, B. et al. Why are smiles contagious? An fMRI study of the interaction between perception of facial affect and facial movements. *Psychiatry Research.* 2003, 123(1), 17–36. PMID: 12738341
24. 「笑顔」には何があるのか：脳深部電気刺激法による反対側顔面の笑顔の術中観察. Okun, M. S. et al. What's in a "smile"? Intra-operative observations of contralateral smiles induced by deep brain stimulation. *Neurocase.* 2004, 10(4), 271–279. PMID: 15788264.
25. 乳児の表情に対する母親の脳神経反応. Strathearn, L. et al. What's in a smile? Maternal brain responses to infant facial cues. *Pediatrics.* 2008, 122(1), 40–51. doi: 10.1542/peds.2007-1566. PMCID: PMC2597649.
26. 予期される笑顔：乳児の情緒的コミュニケーションと社会的結果との関連性. Parlade, M. V. et al. Anticipatory smiling: linking early affective communication and social outcome. *Infant Behavior and Development.* 2009, 32(1):33–43. doi: 10.1016/j.infbeh.2008.09.007. PCMID: PMC2650826.
27. 乳幼児の笑顔の作り方：表情のサインを受け取る側の重要性. Jones, S. S.; Raag, T. Smile production in older infants: The importance of a social recipient for the facial signal. *Child Development.* 1989, 60(4), 811–818. PMID: 2758878.
28. 愛することは辛いこと：fMRI研究. Cheng, Y. et al. Love hurts: An fMRI study. *Neuroimage.* 2010, 51(2), 923–929. doi: 10.1016/j.neuroimage.2010.02.047. PMID: 20188182.
29. 笑顔には何があるのか？　乳児の表情に対する母親の脳神経反応. Strathearn, L. et al. What's in a smile? Maternal brain responses to infant facial cues. *Pediatrics.* 2008, 122(1), 40–51. doi: 10.1542/peds.2007-1566. PMCID: PMC2597649.
慈愛の瞑想による情動の神経回路の制御：瞑想の専門知識の効果. Lutz, A. et al. Regulation of the neural circuitry of emotion by compassion meditation: Effects of meditative expertise. *PLoS One.* 2008, 3(3), e1897. doi: 10.1371/journal.pone.0001897. PMCID: PMC2267490.

Chapter 7：いちばん深いところにある価値観は？ 「共感コミュニケーション」で大切なこと

1. 個人的な価値観の肯定による神経内分泌反応および心理的ストレス反応の緩和. Creswell, J. D. et al. Affirmation of personal values buffers neuroendocrine and psychological stress responses. *Psychological Science.* 2005, 16(11), 846–851. PMID: 16262767.
2. 健康リスクに関するメッセージに自己は脅威を感じるのか？　自己肯定による受容性の向上. Sherman, D. K.; Nelson, L. D.; Steele, C. M. Do messages about health risks threaten the self? Increasing the acceptance of threatening health messages via self-affirmation. *Personality and Social Psychology Bulletin.* 2000, 26(9), 1046–1058. doi: 10.1177/01461672002611003

12. 目が伝えること：嘘をついているときに視線をそらす幼児の特性. Einav, S.; Hood, B. M. Tell-tale eyes: Children's attribution of gaze aversion as a lying cue. *Developmental Psychology*. 2008, 44(6), 1655–1667. doi: 10.1037/a0013299. PMID: 18999328.
13. 社交不安障害患者におけるアイコンタクトに対する恐怖および回避行動. Schneier, F. R. et al. Fear and avoidance of eye contact in social anxiety disorder. *Comprehensive Psychiatry*. 2011, 52(1), 81–87. doi: 10.1016/j.comppsych.2010.04.006. PMID: 21220069.
14. 文化に関与する表示規則および思考中の目線. McCarthy, A. et al. Cultural display rules drive eye gaze during thinking. *Journal of Cross-Cultural Psychology*. 2006, 37(6), 717–722. PMCID: PMC2613330.
15. ポール・エクマン著『顔は口ほどに嘘をつく』菅靖彦訳. 河出書房新社, 2006, 360p. ISBN: 978-4309243832. Ekman, P. *Emotions Revealed:* Recognizing Faces and Feelings to Improve Communication and Emotional Life. 2nd Reprinted, Holt, 2007, 290p. ISBN: 978-0805083392.
16. 他者の顔の表情をより正確に読み取る方法を学びたいという読者には、エクマン博士著『顔は口ほどに嘘をつく』と、博士のウェブサイト http://www.paulekman.com/をお勧めしたい。同サイトでは、微表情の読み取り方が学べるオンライントレーニングを提供しており、セラピスト、警察官、企業の経営者や営業担当者などが受講している。エクマン博士は、米TVドラマシリーズ『ライ・トゥ・ミー 嘘は真実を語る』の主人公のモデルとなった。
17. アイコンタクトは社交不安障害患者にとって脅威かつ回避すべきものなのか：アイトラッキングを用いた精神生理学研究. Wieser, M. J. et al. Is eye to eye contact really threatening and avoided in social anxiety?—An eye-tracking and psychophysiology study. *Journal of Anxiety Disorders*. 2009, (1), 93–103. doi: 10.1016/j.janxdis.2008.04.004. PMID: 18534814.
18. 扁桃体の活性化に予測されるおびえた目に対する反応. Gamer, M.; Büchel, C. Amygdala activation predicts gaze toward fearful eyes. *Journal of Neuroscience*. 2009, 29(28), 9123–9126. doi: 10.1523/JNEUROSCI.1883-09.2009. PMID: 19605649.
19. デュシェンヌ・スマイル：感情表出と脳生理学II. Ekman, P.; Davidson, R. J.; Friesen, W. V. The Duchenne smile: Emotional expression and brain physiology II. *Journal of Personality and Social Psychology*. 1990, 58(2), 342–353. PMID: 2319446.
20. モナ・リザが微笑む理由. Kontsevich, L. L.; Tyler, C. W. What makes Mona Lisa smile? *Vision Research*. 2004, 44(13), 1493–1498. PMID: 15126060.
21. デュシェンヌ・スマイルおよび非デュシェンヌ・スマイルに対する表情および情動反応. Surakka, V.; Hietanen, J. K. Facial and emotional reactions to Duchenne and non-Duchenne smiles. *International Journal of Psychophysiology*. 1998, 29(1), 23–33. PMID: 9641245.
22. デュシェンヌ・スマイル、情動体験および自律神経反応性：顔面フィードバック仮説の検証. Soussignan, R. Duchenne smile, emotional experience, and autonomic reactivity: A test of the facial feedback hypothesis. *Emotion*. 2002, 2(1), 52–74. PMID: 12899366.

1. 行動適用時の表情から伝わる信頼度の評価および感情表出に共通する神経メカニズム．Engell, A. D.; Todorov, A.; Haxby, J. V. Common neural mechanisms for the evaluation of facial trustworthiness and emotional expressions as revealed by behavioral adaptation. *Perception*. 2010, 39(7), 931–941. PMID: 20842970.
2. アイコンタクトと強い互酬性との関連性．Fehr, E.; Schneider, F. Eyes are on us, but nobody cares: Are eye cues relevant for strong reciprocity? *Proceedings of the Royal Society of London: Series B, Biological Sciences*. 2010, 277(1686), 1315–1323. doi: 10.1098/rspb.2009.1900. PMCID: PMC2871936.
3. 表情における信頼度の評価：接近・回避行動を促す情動認知．Todorov, A. Evaluating faces on trustworthiness: An extension of systems for recognition of emotions signaling approach/avoidance behaviors. *Annals of the New York Academy of Sciences*. 2008, 1124:208–224. doi: 10.1196/annals.1440.012. PMID: 18400932.
4. 他者の視線によって促される実社会での協力体制．Bateson, M.; Nettle, D.; Roberts, G. Cues of being watched enhance cooperation in a real- world setting. *Biology Letters*. 2006, 2(3), 412–414. PMCID: PMC1686213.
5. ニューカッスル大学．"ニューカッスル警察署、犯罪防止キャンペーンに『監視の目』を採用". "Big Brother" eyes inspire police crime crackdown campaign. Press release, September 6, 2006.
6. BBCニュース．"警察官の等身大看板で犯罪率が減少". "Cut-out bobbies help reduce crime". BBC. 2005-12-08. http://news.bbc.co.uk/2/hi/uk_news/england/derbyshire/4511674.stm (cited 2013-12-10).
7. 個人の反社会行動における匿名性の影響．Nogami, T.; Takai, J. Effects of anonymity on antisocial behavior committed by individuals. *Psychological Reports*. 2008, 102(1), 119–130. PMID: 18481673.
8. 目および視線の認識における神経機構：社会認知の核心．Itier, R. J.; Batty, M. Neural bases of eye and gaze processing: The core of social cognition. *Neuroscience and Biobehavioral Reviews*. 2009, 33(6), 843–863. doi: 10.1016/j.neubiorev.2009.02.004. PMID: 19428496.
9. 生後5カ月の乳児は名前を呼ばれた方向に注意を向ける．Parise, E.; Friederici, A. D.; Striano, T. "Did you call me?" 5-month-old infant's own name guides their attention. *PLoS One*. 2010, 5(12), e14208. doi: 10.1371/journal.pone.0014208. PMCID: PMC2997051.
10. 他者の視線を受け止める．George, N.; Conty, L. Facing the gaze of others. *Clinical Neurophysiology*. 2008, 38(3), 197–207. doi: 10.1016/j.neucli.2008.03.001. PMID: 18539254.
11. 視線をそらす行為は接近・回避行動を促す脳機構を活性化させる．Hietanen, J. K. et al. Seeing direct and averted gaze activates the approach-avoidance motivational brain systems. *Neuropsychologia*. 2008, 46(9), 2423–2430. doi: 10.1016/j.neuropsychologia.2008.02.029. PMID: 18402988.

22. 言語スタイルの釣り合いと交渉の成果. Taylor, P. J.; Thomas, S. Linguistic style matching and negotiation outcome. *Negotiation and Conflict Management Research.* 2008, 1(3), 263–281. doi: 10.1111/j.1750-4716.2008.00016.x.
23. シミュレーションの効果：自己と他者の行動をイメージする. Decety, J.; Grèzes, J. The power of simulation: Imagining one's own and other's behavior. *Brain Research.* 2006, 1079(1), 4–14. doi: 10.1016/j.brainres.2005.12.115. PMID: 16460715.
24. フィクションの登場人物に対する帰属意識における双方向性の影響. Soto-Sanfiel, M. T.; Aymerich-Franch, L.; Ribes Guardia F. X. Impact of interactivity on identification with characters in fiction. *Psicothema.* 2010, 22(4), 822–827. PMID: 21044519.
25. 認知的共感性に関与する神経基質. Preston, S. D. et al. The neural substrates of cognitive empathy. *Society for Neuroscience.* 2007, 2(3– 4), 254–275. doi: 10.1080/17470910701376902. PMID: 18633818.
26. 社会神経科学：人体におけるミラーニューロン. Keysers, C.; Gazzola, V. Social neuroscience: Mirror neurons recorded in humans. *Current Biology.* 20(8), 353–354. doi: 10.1016/j.cub.2010.03.013. PMID: 21749952.
27. 谷田林士, 山岸俊男. 共感が社会的交換場面における行動予測の正確さに及ぼす効果(*). 心理学研究. 2004, 74(6), 512–520. NAID: 130002027415. PMID: 15112506.
28. 神経的、認知的および情緒的統合に関する精神生理学：fMRIと自律反応. Critchley, H. D. Psychophysiology of neural, cognitive and affective integration: fMRI and autonomic indicants. *International Journal of Psychophysiology.* 2009, 73(2), 88–94. doi: 10.1016/j.ijpsycho.2009.01.012. PMCID: PMC2722714.
29. 進化する利他的主義、強い互酬性およびリスクに対する認識. Tucker, W. T.; Ferson, S. Evolved altruism, strong reciprocity, and perception of risk. *Annals of the New York Academy of Sciences.* 2008, 1128, 111–120. doi: 10.1196/annals.1399.012. PMID: 18469219.
30. 報復行為が可能な場合における協力関係および利他的な罰. Janssen, M. A.; Bushman, C. Evolution of cooperation and altruistic punishment when retaliation is possible. *Journal of Theoretical Biology.* 2008, 254(3), 541–545. doi: 10.1016/j.jtbi.2008.06.017. PMID: 18638489.
31. 「私たち」よりも「私」？：インスタントメッセンジャーでの恋人同士の言葉遣い. Slatcher, R. B.; Vazire, S.; Pennebaker, J. W. Am "I" more important than "we"? Couples' word use in instant messages. *Personal Relationships.* 2008, 15(4), 407–424. doi: 10.1111/j.1475-6811.2008.00207.x.
32. 勝ち組は懲罰を与えない. Dreber, A. et al. Winners don't punish. *Nature.* 2008, 452(7185), 348–351. doi: 10.1038/nature06723. PMCID: PMC2292414.
33. パートナー選びがもたらす競争的な利他主義. Barclay, P.; Willer R. Partner choice creates competitive altruism in humans. *Proceedings of the Royal Society of London: Series B, Biological Sciences.* 2007, 274(1610), 749–753. doi: 10.1098/rspb.2006.0209. PMCID: PMC2197220.

10. 他者の過失が分かつ勝敗：協力者および競争相手によるミスの観察時における事象関連電位. Koban, L. et al. When your errors make me lose or win: event-related potentials to observed errors of cooperators and competitors. *Society for Neuroscience.* 2010, 5(4), 360–374. doi: 10.1080/17470911003651547. PMID: 20349391.
11. ミラーニューロンシステムの共感への関与：エビデンスの詳細評価. Baird, A. D.; Scheffer, I. E.; Wilson, S. J. Mirror neuron system involvement in empathy: a critical look at the evidence. *Society for Neuroscience.* 2011, 6(4), 327-335. doi: 10.1080/17470919.2010.547085. PMID: 21229470.
12. 社会生理学：共感の基本プロセス. Haker, H.; Schimansky, J.; Rössler, W. Sociophysiology: Basic processes of empathy. *Neuropsychiatry.* 2010, 24(3), 151–160. PMID: 20926053.
13. 脳神経活動に予測される認知的不協和における態度の変化. Van Veen, V. et al. Neural activity predicts attitude change in cognitive dissonance. *Nature Neuroscience.* 2009, 12(11), 1469–1474. doi: 10.1038/nn.2413. PMID: 19759538.
14. 正当化の神経基盤：意思決定時における認知的不協和の軽減. Jarcho, J. M.; Berkman, E. T.; Lieberman, M. D. The neural basis of rationalization: Cognitive dissonance reduction during decision-making. *Social Cognitive and Affective Neuroscience.* 2011, 6(4), 460–467. doi: 10.1093/scan/nsq054. PMCID: PMC3150852.
15. 優れたコミュニケーションが話し手と聞き手間にもたらす脳神経活動のカップリング. Stephens, G. J.; Silbert, L. J.; Hasson, U. Speaker-listener neural coupling underlies successful communication. *Proceedings of the National Academy of Sciences of the United States of America.* 2010, 107(32), 14425–14430. doi: 10.1073/pnas.1008662107. PMCID: PMC2922522.
16. 信頼性、相関特性および説得力に関する発話の強弱の類似の効果. Aune, R. K.; Kikuchi T. Effects of language intensity similarity on perceptions of credibility, relational attributions, and persuasion. *Journal of Language and Social Psychology.* 1993, 12(3), 224-238. doi: 10.1177/0261927X93123004.
17. 言葉遣いの一致に予測される恋愛関係の始まりと安定性. Ireland, M. E. et al. Language style matching predicts relationship initiation and stability. *Psychological Science.* 2011, 22(1), 39– 44. doi: 10.1177/0956797610392928. PMID: 21149854.
18. 人間の模倣行為. Chartrand, T. L.; Van Baaren, R. Human mimicry. *Advances in Experimental Social Psychology.* 2009, 41, 219–274. doi: 10.1016/S0065-2601(08)00405-X.
19. 愛情はどこにある？　模倣の社会的側面. Van Baaren, R. et al. Where is the love? The social aspects of mimicry. *Philosophical Transactions of the Royal Society of London: Section B, Biological Sciences.* 2009, 364(1528), 2381-2389. PMCID: PMC2865082.
20. 無意識の行為的模倣から生じる協力関係および信頼関係. Lakin, J. L.; Chartrand, T. L. Using nonconscious behavioral mimicry to create affiliation and rapport. *Psychological Science.* 2003, 14(4), 334–339. doi: 10.1111/1467-9280.14481. PMID: 12807406.
21. 金銭のための模倣：物まね行動がもたらす影響. Van Baaren, R. B. et al. Mimicry for money: Behavioral consequences of imitation. *Journal of Experimental Social Psychology.* 2003, 39, 393–398. doi: 10.1016/S0022-1031(03)00014-3.

my mind unfold versus yours: An fMRI study using a novel camera technology to examine neural differences in self-projection of self versus other perspectives. *Journal of Cognitive Neuroscience.* 2011, 23(6), 1275–1284. doi: 10.1162/jocn.2010.21518. PMCID: PMC3132549.

Chapter 5：心がつながる仕組み 協調の言語

1 社会的交換のルール：ゲーム理論、個人差および精神病理学. Wischniewski, J. et al. Rules of social exchange: Game theory, individual differences and psychopathology. *Neuroscience and Biobehavioral Reviews.* 2009, 33(3), 305–313. doi: 10.1016/j.neubiorev.2008.09.008. PMID: 18930761.

2. 長期的かつ社会的絆は繰り返し囚人のジレンマにおける協調性を促す. St-Pierre, A.; Larose, K.; Dubois, F. Long-term social bonds promote cooperation in the iterated prisoner's dilemma. *Proceedings of the Royal Society of London: Series B, Biological Sciences.* 2009, 276(1676), 4223–4228. doi: 10.1098/rspb.2009.1156. PMCID: PMC2821343.

3. 生物の種内および種間における協調性. Sachs, J. L. Cooperation within and among species. *Journal of Evolutionary Biology.* 2006, 19(5), 1415-1418, discussion 1426–1436. doi: 10.1111/j.1420-9101.2006.01152.x.

4. バクテリア間における協調性：バクテリアの社会性に学ぶ進化論. Lyon P. From quorum to cooperation: Lessons from bacterial sociality for evolutionary theory. *Studies in History and Philosophy of Biological and Biomedical Sciences.* 2007, 38(4), 820– 833. doi: 10.1016/j.shpsc.2007.09.008. PMID: 18053936.

5. 助けを求める植物の行動生態学および群集生態学. Dicke, M. Behavioural and community ecology of plants that cry for help. *Plant, Cell, and Environment.* 2009, 32(6), 654–665. doi: 10.1111/j.1365-3040.2008.01913.x. PMID: 19021885.

6. 植食者誘導性植物揮発性物質の進化背景. Dicke, M.; Baldwin, I. T. The evolutionary context for herbivore-induced plant volatiles: Beyond the "cry for help". *Trends in Plant Science.* 2010, 15(3), 167–175. doi: 10.1016/j.tplants.2009.12.002. PMID: 20047849.

7. 植物ホルモンのシグナル伝達に関する最新研究の進展と最新動向. Santner, A.; Estelle, M. Recent advances and emerging trends in plant hormone signalling. *Nature.* 2009, 459(7250), 1071–1078. doi: 10.1038/nature08122. PMID: 19553990.

8. 草食動物に対する植食者誘導性植物揮発性物質の多機能的役割に関する新事実. Rodriguez-Saona,C. R.;Frost, C. J. New evidence for a multi-functional role of herbivore-induced plant volatiles in defense against herbivores. *Plant Signaling and Behavior.* 2010, 5(1), 58–60. PMCID: PMC2835960.

9. ジェスチャーゲームを使ったfMRI研究：ミラーリング、かつ／または他者認知をつかさどる脳領域はジェスチャーによるコミュニケーションに関与しているのか. Schippers, M. B. et al. Playing charades in the fMRI: Are mirror and/or mentalizing areas involved in gestural communication? *PLoS One.* 2009, 4(8), e6801. doi: 10.1371/journal.pone.0006801. PMCID: PMC2728843.

activity when people solve verbal problems with insight. *PLoS Biology.* 2004, 2(4), E97. doi: 10.1371/journal.pbio.0020097. PMCID: PMC387268.

49. 「アハ！」：洞察力を活かした文章題解決における神経相関. Aziz-Zadeh, L.; Kaplan, J. T.; Iacoboni, M. "Aha!": The neural correlates of verbal insight solutions. *Human Brain Mapping.* 2009, 30(3), 908–916. doi: 10.1002/hbm.20554. PMID: 18344174.
「アハ反応」における神経相関. Luo, J.; Niki, K.; Phillips, S. Neural correlates of the "Aha! reaction". *Neuroreport.* 2004, 15(13), 2013–2017. PMID: 15486473.
50. アルファ波からガンマ波へ：瞑想による意識状態の電気生理学的相関. Fell, J.; Axmacher, N.; Haupt, S. From alpha to gamma: Electrophysiological correlates of meditationrelated states of consciousness. *Medical Hypotheses.* 2010, 75(2), 218–224. doi: 10.1016/j.mehy.2010.02.025. PMID: 20227193.
51. 意識の調和. Lou, H. C. et al. Coherence in consciousness: Paralimbic gamma synchrony of self-reference links conscious experiences. *Human Brain Mapping.* 2010, 31(2), 185–192. doi: 10.1002/hbm.20855. PMID: 19621368.
52. 静けさに耳を傾ける：発話での間が聞き手に与える影響. MacGregor, L. J.; Corley, M.; Donaldson, D. I. Listening to the sound of silence: Disfluent silent pauses in speech have consequences for listeners. *Neuropsychologia.* 2010, 48(14), 3982–3992. doi: 10.1016/j.neuropsychologia.2010.09.024. PMID: 20950633.
53. 静寂内での発話に高感受性を示す聴覚野の神経活動. Hunter, M. D. et al. Neural activity in speech- sensitive auditory cortex during silence. *Proceedings of the National Academy of Sciences of the United States of America.* 2006, 103(1), 189–194. doi: 10.1073/pnas.0506268103. PMCID: PMC1317878.
54. 予測する脳：無意識の反復、意識的な省察および治療的変化. Pally, R. The predicting brain: Unconscious repetition, conscious reflection and therapeutic change. *International Journal of Psychoanalysis.* 2007, 88(Pt 4), 861–881. PMID: 17681897.
55. 自己反芻、内省および抑うつ：内省の適応効果に対抗する自己反芻(*). Takano, K.; Tanno, Y. Self-rumination, self-reflection, and depression: Self-rumination counteracts the adaptive effect of self-reflection. *Behaviour Research and Therapy.* 2009, 47(3), 260–264. doi: 10.1016/j.brat.2008.12.008. PMID: 19181307.
56. 幸福感の予測因子としての洞察、反芻および内省. Harrington, R.; Loffredo, D. A. Insight, rumination, and self-reflection as predictors of well- being. *Journal of Psychology.* 2011, 145(1), 39–57. PMID: 21290929.
57. マインドフルネスの測定：スウェーデン語版Mindful Attention Awareness ScaleおよびKentucky Inventory of Mindfulness Skillsの予備的研究. Hansen, E. et al. Measuring mindfulness: Pilot studies with the Swedish versions of the Mindful Attention Awareness Scale and the Kentucky Inventory of Mindfulness Skills. *Cognitive Behaviour Therapy.* 2009; 38(1):2–15. doi: 10.1080/16506070802383230. PMID: 19125361.
58. 自己の記憶と他者の視点：最新技術搭載カメラを用いたfMRI検査における自己投影と他者の視点とにおける神経活動の相違の検討. St Jacques, P. L. et al. Watching

PMID: 17549881.
39. 言語性ワーキングメモリの各要素に関する神経系間における動的相互作用. Gruber, O.; Müller, T.; Falkai, P. Dynamic interactions between neural systems underlying different components of verbal working memory. *Journal of Neural Transmission.* 2007, 114(8), 1047–1050. doi: 10.1007/s00702-007-0634-7. PMID: 17318301.
40. 慢性疾患成人患者のメンタルヘルスにおけるマインドフルネスに基づいたストレス緩和療法の効果. Bohlmeijer, E. et al. The effects of mindfulness-based stress reduction therapy on mental health of adults with a chronic medical disease: A meta-analysis. *Journal of Psychosomatic Research.* 2010, 68(6):539–544. doi: 10.1016/j.jpsychores.2009.10.005. PMID: 20488270.
41. タスク達成のための検索補助としてのインナースピーチ：random task cuingパラダイムにおけるcueタイプと構音抑制の効果. Miyake, A. et al. Inner speech as a retrieval aid for task goals: The effects of cue type and articulatory suppression in the random task cuing paradigm. *Acta Psychologica* (Amsterdam). 2004, 115(2–3), 123–142. doi: 10.1016/j.actpsy.2003.12.004. PMID: 14962397.
42. 内的経験という現象. Heavey, C. L.; Hurlburt, R. T. The phenomena of inner experience. *Consciousness and Cognition.* 2008, 17(3), 798–810. doi: 10.1016/j.concog.2007.12.006.
43. 成人男性テニス選手の思考に対する内言の効果に関する研究. Latinjak, A. T.; Torregrosa, M.; Renom, J. Studying the effects of self-talk on thought content with male adult tennis players. *Perceptual and Motor Skills.* 2010, 111(1), 249–260. PMID: 21058604.
垂直跳びにおける指導的および動機的内言の効果. Tod, D. A. et al. Effects of instructional and motivational self-talk on the vertical jump. *Journal of Strength and Conditioning Research.* 2009, 23(1), 196–202. PMID: 19130644.
44. 偽者だと感じることの危険性. De Vries, M. F. The dangers of feeling like a fake. *Harvard Business Review.* 2005, 83(9), 108–116, 159. doi: 10.1225/R0509F. PMID: 16171215.
45. 高等教育を受ける学生の内言および受講後の情動状態の解釈：自己決定理論の視点から. Oliver, E. J.; Markland, D.; Hardy, J. Interpretation of self-talk and post-lecture affective states of higher education students: A self-determination theory perspective. *British Journal of Educational Psychology.* 2010, 80(Pt 2):307-323. doi: 10.1348/000709909X477215. PMID: 19857375.
46. 仕事に対する満足感および能率向上のための内言の活用. White, S. J. Using self-talk to enhance career satisfaction and performance. *American Journal of Health-System Pharmacy.* 2008, 65(6), 514, 516, 519. doi: 10.2146/ajhp070147. PMID: 18319496.
47. 音響学的に異なる事務所タイプにおけるスピーチの性能効果と主観的擾乱—研究室実験. Haka, M. et al. Performance effects and subjective disturbance of speech in acoustically different office types— A laboratory experiment. *Indoor Air.* 2009, 19(6), 454–467. doi: 10.1111/j.1600-0668.2009.00608.x. PMID: 19702627.
48. 洞察力を活かした文章題解決における脳神経活動. Jung-Beeman, M. et al. Neural

Sörqvist, P.; Hygge, S. Effects of road traffic noise and irrelevant speech on children's reading and mathematical performance. *Noise Health*. 2009, 11(45), 194–198. doi: 10.4103/1463-1741.56212. PMID: 19805928.

29. 心の重要性：情動の自己制御、心理療法およびプラシーボ効果の脳機能画像研究エビデンス. Beauregard, M. Mind does really matter: Evidence from neuroimaging studies of emotional self-regulation, psychotherapy, and placebo effect. *Progress in Neurobiology*. 2007, 81(4), 218–236. doi: 10.1016/j.pneurobio.2007.01.005. PMID: 17349730.
30. 認知の具現化とその彼方にあるもの：身体の動きと感覚. Borghi, A. M.; Cimatti, F. Embodied cognition and beyond: Acting and sensing the body. *Neuropsychologia*. 2010, 48(3), 763–773. doi: 10.1016/j.neuropsychologia.2009.10.029. PMID: 19913041.
ボイス：自己への社会的接触としての意識への経路. Bertau, M. C. Voice: A pathway to consciousness as social contact to oneself. *Integrative Psychological and Behavioral Science*. 2008, 42(1), 92–113. doi: 10.1007/s12124-007-9041-8. PMID: 18293051.
31. 自己制御のボイス：内言の遮断による衝動的反応の亢進. Tullett, A. M.; Inzlicht, M. The voice of self-control: Blocking the inner voice increases impulsive responding. *Acta Psychologica* (Amsterdam). 2010, 135(2), 252–256. doi: 10.1016/j.actpsy.2010.07.008. PMID: 20692639.
32. 内的経験という現象. Heavey, C. L.; Hurlburt, R. T. The phenomena of inner experience. *Consciousness and Cognition*. 2008, 17(3), 798–810. doi: 10.1016/j.concog.2007.12.006.
33. 青年期における独語. Kronk, C. M. Private speech in adolescents. *Adolescence*. 1994, 29(116), 781–804. PMID: 7892791.
34. 右脳における自己認識：詳細評価. Morin, A. Right hemispheric self-awareness: A critical assessment. *Consciousness and Cognition*. 2002, 11(3), 396–401. doi: 10.1016/S1053-8100(02)00009-0. PMID: 12435375.
35. 自己認識と下前頭回：自己関連プロセスにおけるインナースピーチの活用. Morin, A.; Michaud, J. Self-awareness and the left inferior frontal gyrus: Inner speech use during self-related processing. *Brain Research Bulletin*. 2007, 74(6), 387-396. doi: 10.1016/j.brainresbull.2007.06.013. PMID: 17920447.
36. 自己と言葉を交わす：自己批判と自己の再確認との神経相関. Longe, O. et al Having a word with yourself: Neural correlates of self-criticism and self-reassurance. *Neuroimage*. 2010, 49(2), 1849–1856. doi: 10.1016/j.neuroimage.2009.09.019. PMID: 19770047.
37. 拒食症のボイス：主題分析. Tierney, S.; Fox, J. R. Living with the anorexic voice: A thematic analysis. *Psychology and Psychotherapy*. 2010, 83(Pt 3), 243–254. doi: 10.1348/147608309X480172. PMID: 20109280.
38. 忌避行動者による自己概念および自己提示の認識：追加エビデンス. Ferrari, J. R.; Díaz-Morales, J. F. Perceptions of self-concept and self-presentation by procrastinators: Further evidence. *Spanish Journal of Psychology*. 2007, 10(1), 91–96.

69), doi: 10.1002/9780470720523. ISBN: 978-0444900951.
19. 自己認識、心の理論、自己形成：あなたはどちら側？ Morin, A. Self-recognition, theory-of-mind, and self-awareness: What side are you on? *Laterality.* 2011, 16(3), 367-383. doi: 10.1080/13576501003702648. PMID: 21049317.
20. 残像に関する注意および意識の拮抗作用. Van Boxtel, J. J.; Tsuchiya, N.; Koch, C. Opposing effects of attention and consciousness on afterimages. *Proceedings of the National Academy of Sciences of the United States of America.* 2010, 107(19),8883–8888. doi: 10.1073/pnas.0913292107. PMCID: PMC2889341.
気づきと注意の関係性: 事象関連電位反応によるエビデンス. Koivisto, M.; Kainulainen, P.; Revonsuo, A. The relationship between awareness and attention: Evidence from ERP responses. *Neuropsychologia.* 2009, 47(13), 2891–2899. doi: 10.1016/j.neuropsychologia.2009.06.016. PMID: 19545577.
21. 一時性の神経相関：デフォルトモードの変動と時間認識. Lloyd, D. Neural correlates of temporality: Default mode variability and temporal awareness. *Consciousness and Cognition.* 2011, 21(2),695-703. doi: 0.1016/j.concog.2011.02.016. PMID: 21420319.
22. 発話された文章を処理するワーキングメモリ容量は加齢によって減少する：高齢者は憶えていられる情報のかたまりの数がより少数である. Gilchrist, A. L.; Cowan, N.; Naveh-Benjamin, M. Working memory capacity for spoken sentences decreases with adult ageing: Recall of fewer but not smaller chunks in older adults. *Memory.* 2008, 16(7), 773– 787. doi: 10.1080/09658210802261124. PMCID: PMC2610466.
23. ヒトのワーキングメモリに関する脳機能画像解析. Smith, E. E.; Jonides, J. Neuroimaging analyses of human working memory. *Proceedings of the National Academy of Sciences of the United States of America.* 1998, 95(20), 12061–12068. PMCID: PMC21765.
24. 言語を介した視覚探索：発話速度の重要な役割. Gibson, B. S.; Eberhard, K. M.; Bryant, T. A. Linguistically mediated visual search: The critical role of speech rate. *Psychonomic Bulletin and Review.* 2005, 12(2), 276–281. PMID: 16082806.
25. 漸進的筋弛緩法における声の音量、ピッチ、発話速度の影響：言語病理学的および聴覚学的手法の応用. Knowlton, G. E.; Larkin, K. T. The influence of voice volume, pitch, and speech rate on progressive relaxation training: Application of methods from speech pathology and audiology. *Applied Psychophysiology and Biofeedback.* 2006, 31(2), 173–185. PMID: 16941239.
26. 関連性のない発話による短期記憶の中断で生じる脳の同期活動は想起モードに影響される. Kopp, F.; Schröger, E.; Lipka, S. Synchronized brain activity during rehearsal and short- term memory disruption by irrelevant speech is affected by recall mode. *International Journal of Psychophysiology.* 2006, 61(2), 188–203. PMID: 16298003.
27. 関連性のない発話の影響および統計学習. Neath, I. et al. Irrelevant speech effects and statistical learning. *Quarterly Journal of Experimental Psychology* (Colchester). 2009, 62(8), 1551–1559. doi: 10.1080/17470210902795640. PMID: 19370483.
28. 幼児の読書力と数学力に対する道路交通騒音と関連性のない発話の影響. Ljung, R.;

7. ヒトの意識に対するPenrose-Hameroff orchestrated objective-reductionの提言は生物学的に可能ではない. McKemmish, L. K. et al. Penrose-Hameroff orchestrated objective- reduction proposal for human consciousness is not biologically feasible. *Physical Review E: Statistical, Nonlinear, and Soft Matter Physics.* 2009, 80(2 Pt 1), 021912. PMID: 19792156.
8. 米プリンストン大学PEARプログラム：http://www.princeton.edu/~pear./(cited 2013-12-19).
9. ガン患者のパートナーによる治療介入としての思いやり：遠隔からの意図が患者の自律神経系に与える影響. Radin, D. et al. Compassionate intention as a therapeutic intervention by partners of cancer patients: Effects of distant intention on the patients' autonomic nervous system. *Explore (NY).* 2008, 4(4), 235–243. doi: 10.1016/j.explore.2008.04.002. PMID: 18602616.
10. 遠隔からの意図が水晶の形成に与える影響に関する二重盲検試験. Radin, D. et al. Double-blind test of the effects of distant intention on water crystal formation. *Explore (NY).* 2006, 2(5), 408–411. PMID: 16979104.
11. 人間の意識の出現：胎児期から新生児期まで. Lagercrantz, H.; Changeux, J. P. The emergence of human consciousness: From fetal to neonatal life. *Pediatric Research.* 2009, 65(3), 255-260. doi: 10.1203/PDR.0b013e3181973b0d. PMID: 19092726.
12. 意識の誕生. Lagercrantz, H. The birth of consciousness. *Early Human Development.* 2009, 85(10 Supplement), S57-58. doi: 10.1016/j.earlhumdev.2009.08.017. PMID: 19762170.
13. 意識の機能的病態生理学. Jellinger, K. A. Functional pathophysiology of consciousness. *Neuropsychiatry.* 2009, 23(2), 115–133. PMID: 19573504.
14. てんかん、意識、および神経刺激療法. Bagary, M. Epilepsy, consciousness and neurostimulation. *Behavioral Neurology.* 2011, 24(1), 75–81. doi: 10.3233/BEN-2011-0319. PMID: 21447901.
15. 二カ国語における色の分類方法の発達：経時的研究. Roberson, D. et al. The development of color categories in two languages: A longitudinal study. *Journal of Experimental Psychology: General.* 2004, 133(4), 554–571. doi: 10.1037/0096-3445.133.4.554. PMID: 15584806.
16. 色覚：言語によって異なる色の分類. Roberson, D.; Hanley, J. R. Color vision: Color categories vary with language after all. *Current Biology.* 2007, 17(15), R605-607. PMID: 17686434.
色の分類：文化相対性の仮説に関するエビデンス. Roberson, D. et al. Color categories: Evidence for the cultural relativity hypothesis. *Cognitive Psychology.* 2005, 50(4), 378–411. doi: 10.1016/j.cogpsych.2004.10.001. PMID: 15893525.
17. 言語と知覚のカテゴリ化. Davidoff, J. Language and perceptual categorization. *Trends in Cognitive Sciences.* 2001, 5(9), 382-387. doi: 10.1016/S1364-6613(00)01726-5.
18. 神経生理学の機序と意識, Creutzfeldt, O. D. "Neurophysiological mechanisms and consciousness". *Ciba Foundation Symposium* 69 – Brain and Mind. Wolstenholme, G. E. W.; O'Connor, M., Eds. Ciba Foundation, 1979, 217-233, (Novartis Foundation Symposia,

and pitch. *Perception*. 2010, 39(3), 417–425. PMID: 20465176.
29. トロンボーンと同じくらい苦い：味覚／味と音階との間のnonsynesthetesにおける共感覚的一致. Crisinel, A. S.; Spence, C. As bitter as a trombone: Synesthetic correspondences in nonsynesthetes between tastes/flavors and musical notes. *Attention, Perception, and Psychophysics*. 2010, 72(7), 1994– 2002. doi: 10.3758/APP.72.7.1994. PMID: 20952795.
30. 自閉症児における文章理解：低機能的結合力による画像や絵を介した思考. Kana, R. K. et al. Sentence comprehension in autism: Thinking in pictures with decreased functional connectivity. *Brain*. 2006, 129(Pt 9), 2484–2493. PMID: 16835247.
31. 文章理解におけるイメージ：fMRI研究. Just, M. A. et al. Imagery in sentence comprehension: an fMRI study. *Neuroimage*. 2004, 21(1), 112–124. PMID: 14741648.

Chapter 4：心の中を自覚する 意識の言語

1. 意識の神経相関についての再考. Neisser, J. Neural correlates of consciousness reconsidered. *Consciousness and Cognition*. 2011, 21(2), 681-690. doi: 10.1016/j.concog.2011.03.012. PMID: 21493099.
   術中覚醒：神経生物学から臨床まで. Mashour, G. A.; Orser, B. A.; Avidan, M. S. Intraoperative awareness: From neurobiology to clinical practice. *Anesthesiology*. 2011, 114(5), 1218–1233. doi: 10.1097/ALN.0b013e31820fc9b6. PMID: 21464699.
2. 意識と神経科学. Crick, F.; Koch, C. Consciousness and neuroscience. *Cerebral Cortex*. 1998, 8(2), 97–107. doi: 10.1093/cercor/8.2.97.
3. ハチの研究による意識の探究. Koch, C. Exploring consciousness through the study of bees. *Scientific American*. January 14, 2009. http://www.scientificamerican.com/article.cfm?id=exploring-consciousness. (cited 2013-12-19).
4. 意識とてんかんのグローバル・ワークプレイス・セオリー. Bartolomei, F.; Naccache, L. The global workspace (GW) theory of consciousness and epilepsy. *Cognitive and Behavioral Neurology*. 2011, 24(1), 67–74. doi: 10.3233/BEN-2011-0313. PMID: 21447900.
5. 大脳皮質正中内側部構造と自己. Northoff, G.; Bermpohl, F. Cortical midline structures and the self. *Trends in Cognitive Sciences*. 2004, 8(3), 102–107. doi: 10.1016/j.tics.2004.01.004.
   内省による自己認識と意識状態：頭頂前頭中核部の共通正中のPETスキャンによるエビデンス. Kjaer T. W., Nowak M, Lou H. C. Reflective self-awareness and conscious states: PET evidence for a common midline parietofrontal core. *Neuroimage*. 2002, 17(2), 1080–1086. PMID: 12377180.
6. 各作動記憶容量と空間的注意喚起との特異的関連性. Bengson, J. J.; Mangun, G. R. Individual working memory capacity is uniquely correlated with feature-based attention when combined with spatial attention. *Attention, Perception, and Psychophysics*. 2011, 73(1), 86–102. doi: 10.3758/s13414-010-0020-7. PMCID: PMC3025109.

19. 飼い犬は飼い主のジェスチャーによる命令の情報としてコンテクストと声の抑揚を活用する. Scheider, L. et al. Domestic dogs use contextual information and tone of voice when following a human pointing gesture. *PLoS One.* 2011, 6(7), e21676. doi: 10.1371/journal.pone.0021676. PMCID: PMC3135590.
20. 声の抑揚の識別能力の低下に予測される統合失調症および統合失調感情障害患者における受容的感情処理能力の欠如. Kantrowitz, J. T. et al. Reduction in tonal discriminations predicts receptive emotion processing deficits in schizophrenia and schizoaffective disorder. *Schizophrenia Bulletin.* EPub, 2011, doi: 10.1093/schbul/sbr060. PMCID: PMC3523919.
21. 私が言ったことを覚えておいて：記憶された言葉の意味は声の抑揚によって変化する. Schirmer, A. Mark my words: Tone of voice changes affective word representations in memory. *PLoS One.* 2010, 5(2), e9080. doi: 10.1371/journal.pone.0009080. PMCID: PMC2821399.
22. 聴覚ストループタスクによる傾聴の神経基質の評価. Christensen, T. A. et al. Neural substrates of attentive listening assessed with a novel auditory Stroop task. *Frontiers in Human Neuroscience.* 2011, 4, 236. doi: 10.3389/fnhum.2010.00236. PMCID: PMC3020403.
島皮質、脳内に存在する謎めいた島：ミニレビュー. Palkovits, M. Insula, a "mysterious" island in our brain— Minireview. *Orvosi Hetilap.* 2010, 151(47), 1924–1929. doi: 10.1556/OH.2010.29004. PMID: 21071302.
23. 安静状態の脳内における島皮質の機能的結合. Cauda, F. et al. Functional connectivity of the insula in the resting brain. *Neuroimage.*2011, 55(1), 8–23. doi: 10.1016/j.neuroimage.2010.11.049. PMID: 21111053.
24. メンタル訓練中の瞑想熟練者における自己誘導的かつ高振幅のガンマ波同期. Lutz, A. et al. Long-term meditators self-induce high-amplitude gamma synchrony during mental practice. *Proceedings of the National Academy of Sciences of the United States of America.* 2004, 101(46), 16369–16373. doi: 10.1073/pnas.0407401101. PMCID: PMC526201.
25. 瞑想と大脳皮質の厚みとの関連性. Lazar, S. W. et al., D. N.; Treadway, M. T., et al. Meditation experience is associated with increased cortical thickness. *Neuroreport.* 2005, 16(17), 1893–1897. PMCID: PMC1361002.
26. 大脳皮質の血流変化と異なる瞑想法および認識されている瞑想の深さとの関連性. Wang, D. J. et al. Cerebral blood flow changes associated with different meditation practices and perceived depth of meditation. *Psychiatry Research.* 2011, 191(1), 60-67. doi: 10.1016/j.pscychresns.2010.09.011. PMID: 21145215.
27. 旨みのある無意味語と同音異義語：言葉に対する味覚の共感覚. Simner, J.; Haywood, S. L. Tasty non-words and neighbours: The cognitive roots of lexicalgustatory synaesthesia. *Cognition.* 2009, 110(2), 171–181. doi: 10.1016/j.cognition.2008.11.008. PMID: 19101668.
28. 甘い音？　食べ物の名称からわかる味覚と声の高低との間接的関連性. Crisinel, A. S..; Spence, C. A sweet sound? Food names reveal implicit associations between taste

20954937.

10. 発話とジェスチャーの一体化における記憶の影響：大脳皮質および海馬の活性化と事後記憶力との関連性. Straube, B. et al. Memory effects of speech and gesture binding: Cortical and hippocampal activation in relation to subsequent memory performance. *Journal of Cognitive Neuroscience*. 2009, 21(4), 821-836. doi: 10.1162/jocn.2009.21053. PMID: 18578601.
発話とジェスチャーの神経的相互作用：発話を伴うジェスチャーにおける脳活性化の相違. Kircher, T. et al. Neural interaction of speech and gesture: Differential activations of metaphoric co-verbal gestures. *Neuropsychologia*. 47(1), 169–179. doi: 10.1016/j.neuropsychologia.2008.08.009. PMID: 18771673.
11. 政治家の手に込められた善悪：肯定的および否定的なスピーチにおける自発的ジェスチャー. Casasanto, D.; Jasmin, K. Good and bad in the hands of politicians: Spontaneous gestures during positive and negative speech. *PLoS One*. 2010, 5(7), e11805. doi: 10.1371/journal.pone.0011805. PMCID: PMC2911380.
12. 抽象的概念の認知の具現化：右利きおよび左利きによる善悪の表現. Casasanto, D. Embodiment of abstract concepts: Good and bad in right- and lefthanders. *Journal of Experimental Psychology: General*. 2009, 138(3), 351–367. doi: 10.1037/a0015854. PMID: 19653795.
13. 手の動きが学習効果を高める. Goldin-Meadow, S.; Wagner, S. M. How our hands help us learn. *Trends in Cognitive Science*. 2005, 9(5), 234–241. PMID: 15866150.
14. 象徴的なジェスチャーおよび言葉の相互作用. Barbieri, F. et al. How symbolic gestures and words interact with each other. *Brain and Language*. 2009, 110(1), 1– 11. doi: 10.1016/j.bandl.2009.01.002. PMID: 19233459.
15. ポール・エクマン著『顔は口ほどに嘘をつく』菅靖彦訳. 河出書房新社, 2006, 360p. ISBN: 978-4309243832. Ekman, P. *Emotions Revealed*: Recognizing Faces and Feelings to Improve Communication and Emotional Life. 2nd Reprinted, Holt, 2007, 290p. ISBN: 978-0805083392.
16. 愛情はどこにあるのか？——模倣の社会的側面. Van Baaren, R. et al. Where is the love? The social aspects of mimicry. *Philosophical Transactions of the Royal Society of London: Series B, Biological Sciences*. 2009, 364(1528), 2381-2389. PMCID: PMC2865082.
会話および等位接続の構造. Shockley, K.; Richardson, D. C.; Dale, R. Conversation and coordinative structures. *Topics in Cognitive Science*. 2009, 1(2), 305-319. doi: 10.1111/j.1756-8765.2009.01021.x.
17. ジェスチャーによる言語力および学習力の向上：認知神経科学の観点から. Kelly, S.; Manning, S. M.; Rodak S. Gesture gives a hand to language and learning: Perspectives from cognitive neuroscience. *Language and Linguistics Compass*. 2008, 2(4), 569-588. doi: 10.1111/j.1749-818X.2008.00067.x.
18. 感情を伝える——情緒的韻律と語義の連結. Nygaard, L. C.; Queen, J. S. Communicating emotion: Linking affective prosody and word meaning. *Journal of Experimental Psychology*: Human Perception and Performance. 2008, 34(4), 1017–1030. doi: 10.1037/0096-1523.34.4.1017. PMID: 18665742.

41. ミネソタ多面的人格目録における楽観性・悲観性尺度による全死因死亡率の予測：大学生を対象とした過去40年間の研究. Brummett, B. H. et al. Prediction of all-cause mortality by the Minnesota Multiphasic Personality Inventory Optimism-Pessimism Scale scores: Study of a college sample during a 40- year follow- up period. *Mayo Clinic Proceedings.* 2006, 81(12), 1541–1544. PMID: 17165632.

Chapter 3：**脳はマルチリンガル** コミュニケーションスキルは向上する

1. 脳の言語 Galaburda, A. M.; Kosslyn, S. M., Eds. *The Languages of the Brain (Mind/Brain/Behavior/Initiative)*. Harvard University Press, 2003, 432p. ISBN: 978-0674007727.
2. 非言語的音声コミュニケーション：比較的および発展的アプローチ, Papousek, H.; Jürgens U. *Nonverbal Vocal Communication: Comparative and Developmental Approaches (Studies in Emotion and Social Interaction)*. Cambridge University Press, 1992, 320p. ISBN: 978-0521412650.
3. 『ディーコン, テレンス W. ヒトはいかにして人となったか——言語と脳の共進化』金子隆芳訳. 新曜社, 1999, 561p. ISBN: 978-4788506718. Deacon, T. W. *The Symbolic Species: The Co-Evolution of Language and the Brain.* Norton, 1998, 527p. ISBN: 978-0393317541.
4. ヒトの話言葉と発声をつかさどる脳領域はどこにあるのか、他の動物にも同様の機能はあるのか？ Petkov, C. I.; Logothetis, N. K.; Obleser, J. Where are the human speech and voice regions, and do other animals have anything like them? *Neuroscientist.* 2009, 15(5), 419-429. doi: 10.1177/1073858408326430. PMID: 19516047.
5. ツイッター進化論：トリの鳴き声およびヒトの発話の機構のグループ化. Bolhuis, J. J.; Okanoya, .K; Scharff, C. Twitter evolution: Converging mechanisms in birdsong and human speech. *Nature Reviews Neuroscience.* 2010, 11(11), 747-759. doi: 10.1038/nrn2931. PMID: 20959859.
6. 言葉と行動の一致：発話とジェスチャーの神経的統合. Willems, R. M.; Ozyürek, A.; Hagoort, P. When language meets action: The neural integration of gesture and speech. *Cerebral Cortex.* 2007, 17(10), 2322–2333. PMID: 17159232.
7. ジェスチャーは言語理解をつかさどる脳神経回路を組織化する. Skipper, J. I. et al. Gestures orchestrate brain networks for language understanding. *Current Biology.* 2009, 19(8), 661–667. doi: 10.1016/j.cub.2009.02.051. PMCID: PMC3767135.
8. ポール・エクマン著『顔は口ほどに嘘をつく』菅靖彦訳. 河出書房新社, 2006, 360p. ISBN: 978-4309243832. Ekman, P. *Emotions Revealed:* Recognizing Faces and Feelings to Improve Communication and Emotional Life. 2nd Reprinted, Holt, 2007, 290p. ISBN: 978-0805083392.
9. コミュニケーションにおける意図の理解処理：言語およびジェスチャーをつかさどる共通の脳神経回路. Enrici, I. et al. Tettamanti, M. Intention processing in communication: A common brain network for language and gestures. *Journal of Cognitive Neuroscience.* 2010, 23(9), 2451-2431. doi: 10.1162/jocn.2010.21594. PMID:

マンスにおける無意識的な動機プロセスの作用. Radel, R.; Sarrazin, P.; Pelletier, L. Evidence of subliminally primed motivational orientations: The effects of unconscious motivational processes on the performance of a new motor task. *Journal of Sport and Exercise Psychology.* 2009, 31(5), 657–674. PMID: 20016114.

31. セックスが愛情をもたらすとき：性的表現を用いた閾下プライミングは恋愛関係の成就を目標にしたいというモチベーションを生む. Gillath, O. et al. When sex primes love: Subliminal sexual priming motivates relationship goal pursuit. *Personality and Social Psychology Bulletin.* 2008, 34(8), 1057–1069. doi: 10.1177/0146167208318141. PMID: 18502980.
32. 閾下プライムとしての愛情の神経基盤：事象関連型fMRI研究. Ortigue, S. et al. The neural basis of love as a subliminal prime: An event- related functional magnetic resonance imaging study. *Journal of Cognitive Neuroscience.* 2007, 19(7), 1218–1230. PMID: 17583996.
33. 脳神経活動から予測される説得による行動変化. Falk, E. B. et al. Predicting persuasion-induced behavior change from the brain. *Journal of Neuroscience.* 2010, 30(25), 8421-8424. doi: 10.1523/JNEUROSCI.0063-10.2010. PMCID: PMC3027351.
34. 健康に関するメッセージに対する脳神経活動に予測される喫煙本数の減少. Falk, E. B. et al. Neural activity during health messaging predicts reductions in smoking above and beyond self- report. *Health Psychology.* 2011, 30(2), 177-185. doi: 10.1037/a0022259. PMCID: PMC3059382.
35. 言語を把握する——認知の具現化に関するショートストーリー. Jirak, D. et al. Grasping language— A short story on embodiment. *Consciousness and Cognition.* 2010, 19(3), 711-720. doi: 10.1016/j.concog.2010.06.020. PMID: 20739194.
36. 恐怖記憶の再固定化の特徴. Duvarci, S.; Nader, K. Characterization of fear memory reconsolidation. *Journal of Neuroscience.* 2004, 24(42), 9269–9275. PMID: 15496662.
37. 本態性高血圧患者における認知的情動制御法と抑うつ症状の前向き研究. Xiao, J. et al. A prospective study of cognitive emotion regulation strategies and depressive symptoms in patients with essential hypertension. *Clinical and Experimental Hypertension.* 2010, 33(1), 63-68. doi: 10.3109/10641963.2010.531832. PMID: 21166601.
38. 仏教経済学の貢献, 倫理信条と経済改革——仏教的アプローチ Zsolnai, L. "The contributions of Buddhist economics". Ethical principles and economic transformation – A Buddhist approach. *Issues in Business Ethics.* 2011, 33, 183-196. ISBN: 978-9048193103.
39. 国民総幸福量, 倫理信条と経済改革——仏教的アプローチ Tideman, S. G. "Gross national happiness". Ethical principles and economic transformation – A Buddhist approach. *Issues in Business Ethics.* Zsolnai, L., Ed. 2011, 33, 133-153. ISBN: 978-9048193103.
40. 神経経済学とビジネス心理学. Larsen, T. Neuroeconomics and business psychology. *China-USA Business Review.* 2010, 9(8), 51-62. http://findresearcher.sdu.dk:8080/portal/files/33948386/Neuroeconomics%20and%20business%20psychology.pdf.(cited 2013-12-19).

4–15. doi: 10.1007/s12160-009-9153-0. PMID: 20091429.
臨床診療におけるポジティブ心理学. Lee, D. A.; Steen, T. A.; Seligman, M. E. Positive psychology in clinical practice. *Annual Review of Clinical Psychology*. 2005, 1, 629–651. doi: 10.1146/annurev.clinpsy.1.102803.144154.

20. ポジティブ心理学の発展：心理学的介入の実験検証. Seligman, M. E.; Steen, T. A.; Park, N. Positive psychology progress: empirical validation of interventions. *American Psychologist*. 2005, 60(5), 410-21. PMID: 16045394.
21. 単語の中には何があるのか？——外側眼窩前頭皮質における「ノー」および「イエス」の特異的関与. Alia-Klein, N. et al. What is in a word? No versus yes differentially engage the lateral orbitofrontal cortex. *Emotion*. 2007, 7(3), 649–659. doi: 10.1037/1528-3542.7.3.649. PMCID: PMC2443710.
22. 幸福の解放：回復力の強化と肯定的情動による生活満足度の向上. Cohn, M. A et al. Happiness unpacked: Positive emotions increase life- satisfaction by building resilience. *Emotion*. 2009, 9(3), 361–368. doi: 10.1037/a0015952. PMCID: PMC3126102.
23. 電話会議で欺瞞的な議論を見抜く. Larcker, D.; Zakolyukina, A. Detecting deceptive discussions in conference calls. *Journal of Accounting Research*. 2012, 50(2), 495-540. doi: 10.1111/j.1475-679X.2012.00450.x. http://papers.ssrn.com/sol3/papers.cfm?abstract_id=1572705. (cited 2013-12-15).
24. 情緒的習慣作用：極度の刺激へのサブリミナル呈示による極端性の低下. Dijksterhuis, A.; Smith, P. K. Affective habituation: Subliminal exposure to extreme stimuli decreases their extremity. *Emotion*. 2002, 2(3), 203–214. PMID: 12899354.
25. リラクゼーション反応により誘発される対ストレスゲノム変異. Dusek, J. A. et al. Genomic counter- stress changes induced by the relaxation response. *PLoS One*. 2008, 3(7), e2576. doi: 10.1371/journal.pone.0002576. PMCID: PMC2432467.
26. 自殺者のウェルニッケ野における脳由来神経栄養因子（BDNF）プロモーター部位の高メチル化. Keller, S. et al. Increased BDNF promoter methylation in the Wernicke area of suicide subjects. *Archives of General Psychiatry*. 2010, 067(3), 258–267. doi: 10.1001/archgenpsychiatry.2010.9. PMID: 20194826.
27. 自由応答および自己報告による心的状態におけるサブリミナル共生刺激の作用について. Weinberger, J.; Kelner, S.; McClelland, D. The effects of subliminal symbiotic stimulation on free- response and self-report mood. *Journal of Nervous and Mental Diseases*. 1997, 185(10), 599–605. PMID: 9345249.
28. サブリミナルな感情語を用いた評価的プライミング：事象関連電位および不安に関する個人差からの洞察. Gibbons, H. Evaluative priming from subliminal emotional words: Insights from event-related potentials and individual differences related to anxiety. *Consciousness and Cognition*. 2009, 18(2), 383–400. doi: 10.1016/j.concog.2009.02.007. PMID: 19328727.
29. 『ジェシカおばさんの事件簿』：負の誘因性に対する感受性の増強. Nasrallah, M.; Carmel, D.; Lavie N. Murder, she wrote: Enhanced sensitivity to negative word valence. *Emotion*. 2009, 9(5), 609–618. doi: 10.1037/a0016305. PMCID: PMC2759814.
30. 閾下プライミングによる動機づけ志向性のエビデンス：新規の運動課題のパフォー

9. 線維筋痛症患者における過覚醒：情動ストループを用いた実験解析. González, J. L. et al. Generalized hypervigilance in fibromyalgia patients: An experimental analysis with the emotional Stroop paradigm. *Journal of Psychosomatic Research.* 2010, 69(3), 279–287. doi: 10.1016/j.jpsychores.2010.05.002. PMID: 20708450.
10. 麻酔に関する否定的および肯定的アドバイス：不安を感じている外科患者とのより良いコミュニケーション. Hansen, E.; Bejenke, C. Negative and positive suggestions in anaesthesia : Improved communication with anxious surgical patients. *Anaesthesist.* 2010, 59(3), 199–202, 204–206, 208–209. doi: 10.1007/s00101-010-1679-9. PMID: 20155243.
11. 情緒的自我を探して：肯定的および否定的情動を表す言葉を用いたfMRI臨床試験. Fossati, P. et al. In search of the emotional self: An fMRI study using positive and negative emotional words. *American Journal of Psychiatry.* 2003, 160(11), 1938–1945. PMID: 14594739.
12. リラクゼーション反応により誘発される対ストレスゲノム変異. Dusek, J. A. et al. Genomic counter- stress changes induced by the relaxation response. *PLoS One.* 2008, 3(7), e2576. doi: 10.1371/journal.pone.0002576. PMCID: PMC2432467.
13. 抽象動詞の理解処理における神経系相関. Rodríguez-Ferreiro, J. et al. Neural correlates of abstract verb processing. *Journal of Cognitive Neuroscience.* 2011, 23(1), 106–118. doi: 10.1162/jocn.2010.21414. PMID: 20044889.
14. 単語のイメージアビリティによる意味体系の変化. Sabsevitz, D. S. et al. Modulation of the semantic system by word imageability. *Neuroimage.* 2005, 27(1), 188–200. PMID: 15893940.
15. 分裂病性思考障害における神経系の自動活性伝播のエビデンス. Kreher, D. A. et al. Neural evidence for faster and further automatic spreading activation in schizophrenic thought disorder. *Schizophrenia Bulletin.* 2008, 34(3), 473–482. doi: 10.1093/schbul/sbm108. PMCID: PMC2632424.
16. 長期的かつ情熱的な恋愛関係に生じる神経系相関. Acevedo, B. P. et al. Neural correlates of long- term intense romantic love. *Social Cognitive and Affective Neuroscience.* 2012, 7(2), 145-159. doi: 10.1093/scan/nsq092. PMCID: PMC3277362.
17. 皆さん、こちらにご注目ください：肯定的および否定的な刺激に対する脳皮質電位反応. Smith, N. K. et al. May I have your attention, please: Electrocortical responses to positive and negative stimuli. *Neuropsychologia.* 2003, 41(2), 171–183. PMID: 12459215.
18. 性格因子の制御における主観的幸福の推測のための非合理的信念の増分妥当性について. Spörrle, M. et al. On the incremental validity of irrational beliefs to predict subjective well-being while controlling for personality factors. *Psicothema.* 2010, 22(4), 543–548. PMID: 21044476.
19. 健康心理学におけるポジティブ心理学の有用性：健康に関するポジティブな現象の検討における進展と隠れた危険性. Aspinwall, L. G.; Tedeschi, R. G. The value of positive psychology for health psychology: Progress and pitfalls in examining the relation of positive phenomena to health. *Annals of Behavioral Medicine.* 2010, 39(1),

NOTES

※原書では、doi/PMCID/PMID/ISBNの記載はありませんが、日本語版では検索性を高めるために追記しました。また論文の日本語タイトル（*以外）は、本書訳者によって訳出したものです。

Chapter 2：言葉は「脳」を変える

1. 視床下部神経内分泌調節における扁桃体の役割に関する評価：ミニレビュー. Talarovicova, A.; Krskova, L.; Kiss A. Some assessments of the amygdala role in suprahypothalamic neuroendocrine regulation: a minireview. *Endocrine Regulations.* 2007, 41(4), 155-162. PMID: 18257652.
2. 青年期のガン患者におけるクオリティ・オブ・ライフおよびうつ症状の潜在的緩衝役としての幸福と時間的展望. Bitsko, M. J. et al. Happiness and time perspective as potential mediators of quality of life and depression in adolescent cancer. *Pediatric Blood and Cancer.* 2008, 50(3), 613–619. PMID: 17879282.
3. 情緒的問題を有する幼児の脆弱性に対するネガティブな反芻の役割. Broeren, S. et al. The role of repetitive negative thoughts in the vulnerability for emotional problems in non-clinical children. *Journal of Child and Family Studies.* 2011, 20(2), 135–148. PMCID: PMC3048292.
4. うつ病リスクを有する青少年の発症リスク低減のための学校内における認知行動療法（CBT）を用いた無作為化対照試験プロトコル. Stallard, P. et al. Protocol for a randomised controlled trial of a school based cognitive behaviour therapy (CBT) intervention to prevent depression in high risk adolescents (PROMISE). *Trials.* 2010, 29; 11:114. doi: 10.1186/1745-6215-11-114. PMCID: PMC3001705.
5. 単語の中には何があるのか？ 外側眼窩前頭皮質に対する「ノー」および「イエス」の特異的関与. Alia-Klein, N. et al. What is in a word? No versus yes differentially engage the lateral orbitofrontal cortex. *Emotion.* 2007, 7(3), 649–659. doi: 10.1037/1528-3542.7.3.649. PMCID: PMC2443710.
6. 悲しみの制御に関する神経メカニズム. Freed P. J. et al. Neural mechanisms of grief regulation. *Biological Psychiatry.* 2009, 66(1), 33–40. doi: 10.1016/j.biopsych.2009.01.019. PMCID: PMC2782609.
7. ロバート・ライト著『モラル・アニマル〈上・下〉』竹内久美子監訳, 小川敏子訳. 講談社, 1995. ISBN: 978-4062073837, 978-4062078870. Wright, R. *The Moral Animal: Why We Are, the Way We Are: The New Science of Evolutionary Psychology.* Vintage, 1995, 496p. ISBN: 978-0679763994.
8. 心理学的消去による恐怖記憶の削除. Quirk, G. J. et al. Erasing fear memories with extinction training. *Journal of Neuroscience.* 2010, 30(45), 14993–14997. doi: 10.1523/JNEUROSCI.4268-10.2010. PMCID: PMC3380534.

著者紹介

［著者］
アンドリュー・ニューバーグ　ANDREW NEWBERG, M.D.

米フィラデルフィア市トーマス・ジェファーソン大学病院Myrna Brind統合医療センター研究部長。著書にベストセラー『脳はいかにして〈神〉を見るか　宗教体験のブレイン・サイエンス』（PHP研究所）などがある。これまでの研究成果は「タイム」「ニューズウィーク」「オプラ・マガジン」各誌に加え、「ディスカバリー・チャンネル」「ナショナルジオグラフィック・チャンネル」「BBC」「NPR」などのテレビ番組でも特集が組まれている。

マーク・ロバート・ウォルドマン　MARK ROBERT WALDMAN

米ロサンゼルス市ロヨラ・メリーマウント大学EMBAプログラム・エグゼクティブ・コミュニケーション講師。ビジネス／パーソナル・コーチングの講師としても活躍するかたわら、これまで計12作の著書を執筆。ニューバーグとの共著『*How God Changes Your Brain*（未邦訳）』は2012年、米テレビ番組人気司会者オプラ・ウィンフリーが選ぶ「一度は読みたい本」の一作品として選出されている。

［訳者］
川田志津　SHIZU KAWATA

国際基督教大学教養学部卒業。同校ではコミュニケーション論を専攻。フリーランスとして音楽・映像・WEB制作の海外渉外＆翻訳担当を経て、現在は英国企業PRや医療コミュニケーション・コンサルタントアシスタントなども務める。訳著に『Front Row』『読むダイエット』『LADY GAGA MESSAGE』（マーブルトロン）などがある。

［序文］
名越康文　YASUFUMI NAKOSHI

精神科医。1960年生まれ。相愛大学、京都精華大学客員教授。近畿大学医学部卒業後、大阪府立中宮病院（現大阪府立精神医療センター）にて、精神科救急病棟の設立、責任者を経て99年に退職。専門は思春期精神医学、精神療法。臨床に携わる一方でテレビやラジオ、雑誌、映画評論などさまざまなメディアで活躍中。著書に『驚く力』（夜間飛行）、『心がフッと軽くなる「瞬間の心理学」』（角川書店）、『自分を支える心の技法』（医学書院）などがある。

心《こころ》をつなげる
相手《あいて》と本当《ほんとう》の関係《かんけい》を築《きず》くために大切《たいせつ》な「共感《きょうかん》コミュニケーション」12の方法《ほうほう》

発行日　2014年3月10日　第1刷発行
　　　　2020年1月31日　第3刷発行

著者　アンドリュー・ニューバーグ
　　　マーク・ロバート・ウォルドマン

訳者　川田志津（かわた・しづ）

序文　名越康文（なこし・やすふみ）

装丁　重原隆
編集協力　森田藍子（ART OF LIFE）

カバー写真　photosync/Shutterstock

発行者　田辺修三
発行所　東洋出版株式会社
〒112-0014　東京都文京区関口1-23-6
電話　03-5261-1004（代）　http://www.toyo-shuppan.com/

編集　秋元麻希

印刷　日本ハイコム株式会社
担当　大家進

製本　加藤製本株式会社

許可なく複製転載すること、または部分的にもコピーすることを禁じます。
乱丁・落丁の場合は、ご面倒ですが、小社までご送付下さい。
送料小社負担にてお取り替えいたします。

© Shizu Kawata, Yasufumi Nakoshi 2014, Printed in Japan
ISBN 978-4-8096-7728-1
定価はカバーに表示してあります
ISO14001 取得工場で印刷しました